청소년이 꼭 알아야할
이야기 고사성어 357가지

청소년이 꼭 알아야 할

이야기
고사성어
357가지

초판 1쇄 발행 | 2014년 11월 20일
초판 6쇄 발행 | 2023년 11월 05일
지은이 | NH기획팀
펴낸곳 | 도서출판 새희망
펴낸이 | 조병훈
디자인 | 윤영화
등록번호 | 제38-2003-00076호
주소 | 서울 강북구 인수봉로 41길 19-1
전화 | 02-923-6718   팩스 | 02-923-6719
전자우편 | jobooks@hanmail.net

ISBN 978-89-90811-70-7   43190

청소년이 꼭 알아야 할

이야기

NH기획 편저

고사성어
357가지

새희망

    고사성어는 예로부터 전해져 내려오는 이야기들 속의 교훈적 메시지를 함축적으로 담아내고 있습니다. 그래서 우리는 고사성어를 통해 인생을 살아가는데 있어 필요한 생활의 지혜를 얻을 수 있습니다. 고사성어는 은, 주, 춘추전국시대부터 이어진 중국역사 속에 살아있는 교훈적 메시지를 담아내고 있습니다. 그래서 우리는 고사성어를 통해 중국역사에 대해서도 상당한 지식을 쌓을 수 있습니다.

    고사성어는 공자, 맹자 등 유학자들의 사상 뿐아니라 장자, 노자, 한비자 등 수 많은 동양 사상가들의 주장을 함축적으로 담아낸 메시지입니다. 그래서 우리는 고사성어를 통해 동양의 사상과 철학을 쉽게 접근할 수 있습니다. 고사성어 속의 이러한 메시지들은 현재를 살아가는 우리의 정신세계에 아직도 많은 영향을 미치고 있으며 따라서 현대사회를 이해하는데 많은 도움이 됩니다. 그래서 뉴스나 신문에 사회현상을 평할 때 고사성어가 많이 이용되고 있습니다. 하지만 한자로 이루어진 고사성어를 그 글자 뜻만으로 이해하고 익히는 것은 딱딱하고 재미없는 과정이 되기 쉽습니다. 특히, 논술을 준비하려는 청소년들이 글자의 뜻만으로 고사성어를 접근하는 것은 자칫 암기식 공부로 흘러 커다란 부담이 될 수 있습니다. 그래서 '청소년이 꼭 알아야할 이야기 고사성어 357가지' 는 고사성어의 유래를 가급적 재미있고 쉽게 풀어쓴 이야기들로 소개하고 있습니다. 또한 고사성어의 핵심적인 뜻은 색깔로 구분하여 쉽게 확인할 수 있도록 하였습니다.

    이 책을 통하여 청소년들이 앞으로 살아가는데 있어 필요한 삶의 지혜를 얻고 동시에 필요한 지식도 충족될 수 있기를 바랍니다.

차 례

각주구검(刻舟求劍)

刻(각) 새기다
舟(주) 배
求(구) 구하다
劍(검) 칼

각주구검이란 단어는 중국의 고서인 『여씨춘추(呂氏春秋)』라는 책에 실려 있는 말로 춘추전국시대의 한 어리석은 사람의 행동을 비유한 고사성어입니다.

조나라의 상인인 이 사람은 배를 타고 강을 건너는 도중에 평소 소중히 여기던 칼을 그만 강물 속에 빠뜨리고 말았습니다. 당황하여 강물을 내려다보던 상인은 품속에서 조그만 칼을 꺼내더니 뱃전을 조금 깎기 시작했습니다.
"아니 왜 뱃전에다 칼집을 내는 건가?"
옆에 있던 동료가 이상하다는 듯이 고개를 꺄우뚱 하면서 묻자, 이 상인은 당연한 것을 묻는다는 것 같은 표정을 지으며 말했습니다.
"이곳에 내 칼이 빠졌으니 표시를 해두어야 나중에 찾을 것이

아닌가?"

얼마 후 배가 맞은편 강가에 닿자 상인은 표시된 뱃전에서 강으로 뛰어들었습니다.

이 상인은 배가 강을 지나온 생각은 하지 못하고 뱃전의 표시만 생각한 채 물속으로 뛰어드는 어리석음을 범한 것입니다.

그때부터 깊이 생각해 보지 않고 어리석은 행동을 하는 것을 각주구검이라는 말로 비유하게 되었습니다.

간담상조(肝膽相照)

肝(간) 간
膽(담) 쓸개
相(상) 서로
照(조) 비치다

　당나라 중기의 유종원(柳宗元)은 당송팔대가(唐宋八大家)의 한 사람인데 그의 고문(古文)은 한유(韓柳)로 불리울만큼 한유(韓愈)와 더불어 칭송되고 있습니다.

　유종원은 어느 날 유주자사로 임명되었는데 그의 친구 유몽득은 궁벽한 오지인 파주자사로 임명되었습니다. 유종원은 늙은 어머니를 모시고 사는 유몽득이 걱정되어 자청하여 대신 파주자사가 되었습니다. 친구를 대신하여 누구도 가기 싫어하는 오지에 스스로 간 것입니다. 훗날 유종원이 죽자 한유는 그의 묘비에 평상시에는 간과 쓸개를 서로 내보이는(간담상조 肝膽相照) 친구도 이해관계가 생기면 얼굴빛을 바꾸는데 유종원은 진정한 우정을 보여주었다며 칭송하는 글을 썼습니다.

　이렇듯 간담상조는 거짓우정을 비유하는 글에서 사용되었지만 현재는 진심을 터놓아 서로 가슴 속까지 이해하는 친구사이를 이르는 말로 사용되고 있습니다.

건곤일척(乾坤一擲)

乾(건) 하늘
坤(곤) 땅
一(일) 한
擲(척) 차다, 던지다

하늘과 땅을 한 번 던져 결정한다는 것으로 과연 천하를 얻을 것이냐 잃을 것이냐, 한 번에 모든 것을 건다는 의미로 사용됩니다.

중국의 한나라와 초나라의 전쟁에 대해 읊은 한유의 시 가운데 다음과 같은 대목이 있습니다.

용은 지치고 호랑이는 피곤하여 이 강과 들을 나누어서 가르니,
억만 창생들의 생명이 보존 되었다.
누가 군왕께 권하여 말머리를 돌릴까.
진정 한 번 던져 하늘과 땅을 건다.

한유는 한의 유방과 초의 항우가 싸웠던 홍구를 지나다가 하늘과 땅을 건 도박으로 그들의 전투를 묘사한 것입니다.

격물치지(格物致知)

格(격) 격식
物(물) 물건
致(치) 이루다
知(지) 알다

　이 말은 사물의 이치를 근거로 하여 지식을 명확히 한다는 뜻입니다. 원래 『대학(大學)』은 오경(五經) 가운데 하나인 『예기(禮記)』중의 한 편이었습니다. 송학(宋學)의 대성자(大成者)로 불리우는 남송(南宋)의 주자(朱子)가 같은 예기 가운데 한 편인 중용(中庸)과 함께 분리시켰습니다. 그리하여 『논어』『맹자』와 함께 『사서(四書)』라고 이름을 붙여 학문에 발을 디디는 초심자가 꼭 읽도록 했습니다.

　격물치지는 『대학』에 실려 있는 말로 "그 뜻을 성실하게 하려는 사람은 우선 아는 것을 극진히 해야한다. 이는 사물의 이치를 연구하는데 있다.(치지재격물 致知在格物)"라고 되어 있습니다.

결초보은(結草報恩)

結(결) 맺을
草(초) 풀
報(보) 갚을
恩(은) 은혜

결초보은이라는 말이 있습니다. 살아 생전에 은혜를 갚지 못하면 죽어 혼령이 되어서라도 잊지 않고 갚겠다는 뜻입니다.

이 고사성어의 유래는 춘추시대 때 진(晉)나라 장군 위주의 아들 위과가 그의 아버지의 유언을 실행하지 않고 서모인 조희를 개가시켜 순사를 면하게 했는데, 그 후 위과가 전쟁에 나아가 진(秦)나라 장수 두회와 싸우다가 몰리게 됐을 때, 서모의 친정 아버지의 혼령이 나타나 두회의 발목을 풀로 잡아매어 그를 사로 잡게 했다는 데서 비롯되었습니다.

위주는 생전에 전쟁에 나갈 때마다 아들 위과에게 다음과 같이 분부했습니다.

"내가 만일 이번 싸움에 나가서 죽게 되면 너는 마땅히 조희를 좋은 사람에게 개가시켜 외롭지 않은 일생을 보내게 해야 한다.

그래야만 내가 죽어도 눈을 감을 것이다."

그러나 위주는 막상 병이 들어 죽게 되자 아들에게 다음과 같이 분부했습니다.

"조희는 내가 몹시 사랑하고 아끼던 사람이다. 내가 죽거든 조희를 나와 함께 묻어 다오. 그래야만 나는 땅 속에서도 외롭지 않을 것이다."

아버지가 죽은 뒤 위과는 아버지를 장사 지낼 때 살아 있는 조희를 함께 묻지 않았습니다. 동생 위기가 형인 위과에서 어째서 아버지의 분부하신 말씀을 지키지 않느냐고 물었습니다.

"아버지 살아 계실 때 평소 말씀하시길 내가 죽거든 조희를 좋은 곳으로 개가시켜 주라고 하셨다. 효자는 부모가 평소에 하시던 말씀을 따르는 법이다. 임종하실 때 정신없이 하신 말씀을 어찌 따를 수 있겠는가."

〈효자 종치명 부종난명(孝子 終治命 不從亂命)〉이라는 유명한 말이 여기서 생겼습니다.

장사를 마친 후, 위과는 과연 조희를 양반 집의 좋은 선비에게 시집보내 주었습니다.

그 후 진나라는 오랑캐 노(공자가 태어난 노나라와 다름) 나라를 치게 됐습니다. 순림부라는 장수가 대장이 되고 위과는 부장이 되어 병차(兵車) 삼백승(三百乘)을 거느리고 출발했습니다.

진군(晉軍)은 차례 차례 승리를 거둔 다음 모두 회군하고 위과만 남아서 오랑캐 땅을 안정시켰습니다.

그러고나서 군사를 거느리고 본국으로 돌아가는 도중, 진(秦)나라 맹장 두회가 거느리고 오는 군사와 만나게 되었습니다.

두회는 진항공(秦桓公)의 분부를 받고 노나라 땅을 진(晉)나라에게 뺏기지 않으려고 급히 쳐들어 오는 참이었습니다.

두회는 진나라에서도 유명한 장사였습니다. 호랑이 다섯 마리를 맨주먹으로 때려잡는가 하면, 무게 1백 20근이나 되는 큰 도끼를 휘두르며 불과 3백 명 군사를 데리고 산적 만여 명을 쳐부신 만부부당(萬夫不當)의 장사였습니다.

그러한 두회였으므로 위과는 당해 낼 재간이 없었습니다. 그의 동생 위기가 응원군을 거느리고 왔으나 이 역시 대패했습니다.

위과는 군영 안에서 잠을 이루지 못했습니다. 아무리 생각해도 두회를 꺾을 만한 묘한 계책이 없었습니다.

삼경쯤 되어 그는 겨우 잠이 들었는데 누가 귓전에서 '청초파(靑草波)…청초파…청초파'라고 속삭였습니다. 깜짝 놀라 눈을 떴으나 장막 안에는 아무도 없었습니다.

다시 잠이 들었는데 비몽사몽(非夢似夢)간에 '청초파, 청초파, 청초파'라는 소리가 또 들려왔습니다. 위과는 동생 위기를 불러다가 이 일을 말했습니다.

그러자 위기가 말하기를, 길이가 십리나 되는 「보씨(輔氏)의 못(澤)」에 청초파라는 둑이 있는데 혹시 신인(神人)이 꿈에 나타나서 진군(秦軍)이 청초파에서 패한다는 걸 알려 준 것이 아닐까요 하고 말했습니다.

과연 다음 날의 싸움이 자리를 옮겨 청초파에 이르렀을 때, 위과의 시야에는 참으로 이상한 광경이 나타났습니다.

저만치에서 베도포를 입고 짚신을 신은 노인이 나타나더니 풀을 한 묶음씩 양손에 갈라 잡고 두회가 움직일 때마다 그의 발을 묶었습니다. 그러나 다른 사람들의 눈에는 그 노인이 보이지 않았습니다. 결국 두회는 위과 형제에게 생포 됐다가 결박당한 채 진군(晉軍)의 칼에 죽었습니다.

　그날 밤 위과는 비로소 편한 잠을 잤습니다. 그런데 꿈에 다시 그 노인이 나타났습니다 .

　"나는 노인이 누구신지도 모르는데 너무나 큰 도움을 받아서 장차 무엇으로 그 은혜를 갚아야 할지 모르겠습니다."

　"나는 바로 조회의 아비 되는 사람이오. 장군은 선친의 치명(治命)에 따라 내 딸을 좋은 곳으로 개가시켜 주어서 이 늙은 사람은 구천에서도 여간 감격하지 않았소. 장군은 내 딸을 살려 준 은인이오. 그 은혜를 갚으려고 작은 성의나마 기울여 도와드린 것에 불과하오. 장군의 가문은 대대로 영귀(榮貴)하고, 자손은 왕후가 될 것이오. 내 말을 잊지 마시오."

　전국시대의 위(魏)나라는 바로 이 위씨네 자손이 세운 나라라고 합니다.

참, 은사님 일은 어떻게 되었어요?

다행이 수술이 잘 끝나셨어.

아빠가 어려웠을 때 도와주셨다는 그 은사님요?

그래, 그 분 맞단다.

조금이나마 은혜에 보답한 거지.

결초보은하신 거네요.

보람아, 전에 내가 아이스크림 먹고 배탈났을 때 니가 간호해 줬잖아.

그래서?

결초보은하는 의미에서 내가 먹어 줄게. 아이스크림 먹고 배탈나면 안 되잖아.

이게 무슨 결초보은이야.

경국지색(傾國之色)

傾(경) 기울다
國(국) 나라
之(지) 갈
色(색) 빛

나라를 위태롭게 만들 만한 미인이라는 이 말은 한무제(漢武帝) 때 이연년이 부른 다음과 같은 시에서 비롯되었습니다.

북방에 아름다운 사람 있어.
세상을 끊고 홀로 서 있네.
한 번 바라보면 사람의 성을 움직이고,
두 번 바라보면 사람의 나라를 기울어지게 한다네(재고경인국 再顧傾人國).
어찌 성을 움직이고 나라를 기울게 함을 모를까 보냐만은
아름다운 사람은 두 번 얻기가 어렵구나.

이 시는 이연년이 자기 누이동생의 아름다움을 노래한 것입니다. 이를 알아챈 한무제는 즉시 이연년의 누이동생을 불러들였다고 합니다.

경원(敬遠)

敬(경) 공경하다
遠(원) 멀다

공경은 하되 멀리하다. 겉으로는 존경하고 좋아하는 것 같지만 마음 속으로는 꺼리고 기피한다는 뜻으로 경이원지(敬而遠之)라고도 합니다.

제자 계로가 귀신 섬김에 대해서 묻자 공자는 이렇게 답했습니다.

"산 사람도 능히 섬기지 못하면서 어찌 귀신을 섬긴단 말이냐." 그렇다면 죽음이란 무엇인가하고 계로가 다시 묻자 공자는 "아직 삶도 모르면서 어찌 죽음을 알 수 있단 말이냐"고 말해주었습니다.

논어를 보면 이런 대목도 있습니다.

공자는 괴이한 것, 초인적인 완력, 반란 무질서 그리고 귀신에 대해서 말하지 않았다.

이 두 가지 예는 공자의 가르침이 얼마나 현실적인가를 잘 말해주고 있습니다.

공자는 이상하고 초자연적인 것에 대해 흥미와 관심을 가지지 않았지만 공자가 신을 부정한 것은 아닙니다. 『논어』는 이렇게도 적고 있습니다.

공자는 선조의 제사를 지낼 때 선조가 젯상에 와 계시듯이 모시며 신을 제사할 때는 신이 제석에 와 있는 듯이 하셨다. 공자 가로되 "제사에 참여치 못하면 제사를 아니함과 같도다."

공자의 가르침은 이렇듯 추상도 사변도 아니고 일상 생활을 통한 실천 윤리이며 합리주의적인 것이었습니다.

제자 번지가 지혜에 대해서 묻자 공자는 "백성들이 의를 존중하도록 힘쓰고 '귀신을 공경하면서도 멀리 하면'(敬鬼神而遠之) 지혜롭다 할 만하다."고 말했습니다.

이처럼 귀신은 공경할 대상이지 친근하게 대할 대상이 아니므로 거리를 두어 멀리한다는 뜻에서 나온 "경원"이 오늘 날에는 "꺼리어 기피한다."는 뜻으로 쓰이고 있는 걸 공자가 안다면 어지간히 놀랄 것입니다.

경전하사(鯨戰蝦死)

鯨(경) 고래
戰(전) 싸우다
蝦(하) 새우
死(사) 죽다

경전하사란 고래 경, 싸울 전, 새우 하, 죽을 사, 말 그대로 고래
싸움에 새우가 죽는다는 뜻입니다. 즉 강한 자들이 싸우는 바람에
아무런 상관도 없는 약한 자들이 엉뚱하게 해를 입는 경우를 비유
해서 하는 말입니다.

계륵(鷄肋)

鷄(계) 닭
肋(륵) 갈빗대

이 말은 닭의 갈비라는 뜻으로 다음과 같은 유래를 가지고 있습
니다.

건안(建安) 21년(216년) 위나라의 조조는 스스로 왕위에 올라 위
왕이라고 자청했습니다. 또한 3년 뒤에는 유비와 한중(漢中)의 땅
을 놓고 겨루게 되었습니다.

이때 익주(益州)를 근거지로 점령하고 있었던 유비는 완전히 유
리하게 전세를 장악하고 있었습니다. 하지만 조조는 그렇지 못했
습니다. 전투에서 번번이 고전을 면치 못했으며, 시간이 갈 수록
더욱 악전고투를 면치 못하였습니다.

이때 조조가 자기의 막료들에게 「계륵」이라는 말로 명령의 암시
를 주었습니다.

초조해 하는 막료들과 식사를 하다가 갑자기 '계륵, 계륵' 하고

중얼거렸는데 그 소리를 들은 막료들은 하나 같이 그 뜻이 무엇인지 몰랐지만, 양수라는 사람만이 그 뜻을 정확하게 해석했는데, 그것은 다음과 같은 뜻이었습니다.

"원래 닭의 갈비란 먹자고 들면 별로 먹을 게 없다. 그러나 막상 버리고자 하면 아깝다. 조승상께서는 아깝지만 이 땅을 버리고 회군하기로 결정을 내리신 것이다."

이 이야기는 『후한서(後漢書)』의 〈양수전(楊修傳)〉에 실려있는데, 말하자면 계륵은 먹기에는 양이 적고 버리기는 아까운 것이라는 비유어로 어느 한쪽으로 확실히 결정하기 어려운 경우에 사용됩니다. 그런가 하면 몸집이 매우 작고 나약한 사람을 비유하는 말로 사용되기도 합니다.

계명구도(鷄鳴狗盜)

鷄(계) 닭
鳴(명) 울다
狗(구) 개
盜(도) 도적

이 고사성어는 경멸하는 뜻으로 사용되는 말입니다.

다시말해서, "군자가 배워서는 안 될 천한 재주를 가진 사람." 이라는 뜻의 말인 것입니다.

왕안석(王安石)의 『독맹상군전(讀孟嘗君傳)』에 보면 다음과 같은 말이 나와 있는 것을 보아도 그 뜻을 알 수 있습니다.

거기에 보면, "맹상군이야말로 계명구도의 영웅에 지나지 않는다."라고 말한 대목이 있습니다.

그러나 계명구도는 천한 사람도 때로는 쓸모가 있다는 뜻으로 사용되기도 합니다. 맹상군에게는 뛰어난 재주를 가진 식객이 많았지만 그 중에 개 흉내를 잘 내고 닭 울음소리를 잘 내는 사람처럼 별 쓸모없어 보이는 재주를 가진 사람도 있었습니다. 그들은 천한 재주라 놀림을 받았습니다. 그러나 맹상군이 소왕(昭王)에게

붙잡혀 위기에 처했을 때 개 흉내를 잘 내는 사람이 개흉내로 귀한 물건을 훔쳐 소왕(昭王)의 애첩에게 주어 그녀의 도움으로 석방되었습니다. 또 닭이 울어야 열리는 관문을 가짜 닭 울음소리로 통과하여 위기를 모면하였습니다. 따라서 계명구도는 천한 재주도 때론 쓸모있다는 뜻으로도 쓰이고 있습니다.

고성낙일(孤城落日)

孤(고) 외롭다
城(성) 성곽
落(낙) 떨어지다
日(일) 해

왕유는 이백, 두보와 더불어 성당시대(盛唐時代)의 대표적인 시인입니다. 동양화적인 고요함과 그윽한 자연시를 수립한 인물이기도 합니다.

왕유(王維)의 칠언절구(七言絶句)인 『송위평사(위 평사를 보냄)』에 다음과 같은 시가 있습니다.

장군을 따라 우현(右賢)을 취하려고 하는데,
모래밭으로 말을 달려 거연(居延)으로 가고 있네.
멀리 한나라의 사자가 소관 밖에서 외로운 성에 지는 해를 근심스럽게 바라본다(수견고성낙일변 愁見孤城落日邊).

이 시에서 고성낙일은 쓸쓸하고 외로운 풍경이라는 뜻으로 사용되었습니다. 그러나 고성낙일은 이후 혼자가 되어 마음이 극도

로 허탈상태에 빠져있는 상황을 뜻하는 것으로서 세력이 완전히
쇠퇴했지만 도와 주는 사람조차 없는 고립된 상태를 뜻하는 의미
로도 사용되기도 합니다.

고진감래(苦盡甘來)

苦(고) 쓸
盡(진) 다하다
甘(감) 달다
來(래) 오다

쓴 것이 다하면 단 것이 온다는 말이므로, 고생을 하면 반드시
즐거움이 돌아온다는 뜻입니다.

공곡공음(空谷跫音)

空(공) 빈(속이빈 것)
谷(곡) 골짜기
跫(공) 발자국소리
音(음) 소리

공곡공음이란 글자의 뜻이 빈 골짜기의 발자국 소리인데 매우 신기한 일이나 예기치 못했던 기쁨, 뜻밖에 들려온 반가운 소식 등을 뜻하는 말입니다. 즉 인적이 끊긴 빈 골짜기에서 뜻밖의 사람의 발소리를 듣게 된다는 뜻이 차츰 뜻밖의 반가운 일 등으로 풀이되게 된 것입니다.

과유불급(過猶不及)

過(과) 지날
猶(유) 같다, 오히려
不(불) 아니다
及(급) 미치다, 이르다

과유불급이란 『논어』의 〈선진편〉에 실린 공자와 제자인 자공의 대화 중에 나오는 말입니다.

어느 날 자공이 공자에게 조용히 다가오더니 물었습니다.
"스승님! 자장과 자하 두 사람 중 누가 더 현명합니까?"
그러자 공자는 잠시 생각해 본 뒤에 대답했습니다.
"자장은 지나치고, 자하는 미치지 못한다."
자공은 그 말을 듣더니 고개를 끄덕거리며 말했습니다.
"그렇다면 자장이 더 낫다는 말씀이군요."
"그렇지 않다. 지나침이란 역시 부족함과 같은 것이니라."

공자의 말은 지나치지도 않고 모자라지도 않은 상태가 가장 좋다는 뜻으로 중용의 도리를 설명하고자 했던 것입니다.

과이불개(過而不改)

過(과) 지날
而(이) 말 이을
不(불) 아니다
改(개) 고치다

이 말은 잘못을 저지르고서도 고치지 않는 것이 바로 잘못이다 라는 뜻으로 쓰이는 고사성어입니다.

『논어』의 〈위령공편(衛靈公篇)〉에 다음과 같은 말이 있습니다.

공자께서 말씀하시기를 "잘못하고서도 고치지 않는 것. 그것을 잘못이라고 한다(과이불개 시위과의 過而不改 是謂過矣)."라고 하셨습니다. 그 같은 말은 또한 논어의 위정편에도 나와 있습니다.

"아는 것을 안다고 하고, 모르는 것을 모른다고 하는 것. 그것이 아는 것이다."

사람은 누구나 자신의 행동이나 언동으로 인한 실수를 범하기 쉽습니다.

잘못을 저지르지 않는 사람은 세상에 거의 없습니다.

　문제는 잘못을 저지르느냐 그렇지 않으냐가 아니라 일단 저지
른 잘못에 대해 어떻게 처신하느냐에 달려 있는 것입니다.
　잘못을 저질렀지만, 그 잘못을 고친다고 하면 이미 잘못은 없어
지게 되는 것입니다. 아울러 군자와 소인배의 차이는 바로 그런
점에 있다고 말할 수 있습니다.

과즉물탄개(過則勿憚改)

過(과) 지날, 허물
則(즉) 곧
勿(물) 말
憚(탄) 꺼린다, 두렵다
改(개) 고치다

『논어』의 〈학이편(學而篇)〉에 보면 다음과 같은 글이 있습니다.

군자에게 무게가 없으면 위엄이 없으니, 학문을 닦아도 굳어질 수 없다. 성실과 신의를 위주로 하고, 나보다 못한 사람을 벗하지 말고, 잘못이 있으면 고치기를 꺼리지 말아야한다(과즉물탄개 過則勿憚改).

즉 이 과즉물탄개란 말은 사람은 누구나 잘못을 저지를 수 있는 것이며 잘못을 저질렀을 때에는 고치기를 꺼리지 말아야 한다는 뜻으로 쓰이는 것입니다.

관포지교(管鮑之交)

管(관) 대롱, 주관하다
鮑(포) 절인생선, 성씨
之(지) 갈
交(교) 사귄다

관포지교라는 고사성어는 『사기史記』의 〈관안열전(管晏列傳)〉
에 실려있습니다.

중국의 춘추전국시대에 제나라에서 살던 관중과 포숙은 어려서
부터 가깝게 지내는 친구 사이였습니다.

관중과 포숙은 성인이 되자 관직에 오르게 되었는데 관중은 번
번이 잘못을 저지르고 물러나곤 했습니다. 때문에 다른 사람들은
관중을 비웃었지만 포숙만은 관중을 이해하고 위로 했습니다.

얼마 후 관중은 제나라의 공자 규를 섬기게 되었는데 포숙은 다
른 공자인 소백을 섬겼습니다. 그리고 공자 규와 소백은 왕위쟁탈
전을 벌이게 되어 관중과 포숙은 적이 되고 말았습니다. 결국 소
백이 승리하여 관중은 처형될 위기에 몰렸습니다. 이때 포숙은 제
환공이 된 소백에게 "제나라를 다스리려면 저 하나로 충분하지만

천하를 다스리려면 관중이 있어야 합니다."라고 하였습니다. 제환공은 포숙의 말에 따라 관중을 대부로 등용하였고 관중은 비로소 자신의 재능을 발휘하기 시작하였습니다. 그리고 얼마 후 제환공은 천하의 패권을 차지하였습니다. 성공한 관중은 포숙에 대한 고마움을 다음과 같이 표현하였다고 합니다.

"나를 낳아 주신 분은 부모이지만 나를 알아 준 사람은 포숙 뿐이다."

이후 한결같이 변함없는 돈독한 친구 사이를 말할 때 관포지교라는 말을 쓰게 되었습니다.

광풍제월(光風霽月)

光(광) 빛
風(풍) 바람
霽(제) 비갠다
月(월) 달

이 단어는 비갠 뒤의 바람과 달처럼 가슴 속이 깨끗하게 맑은 고결함 또는 그런 사람을 비유해서 사용하는 말입니다. 세상이 잘 다스려진 일을 비유할 때 사용되는 말이기도 합니다.

유교는 북송(北宋) 중기에 주돈이가 『태극도설(太極圖說)』과 『통서(通書)』라는 책을 지었는데, 성리학 원리의 기초를 제공하였습니다. 시인 황정견은 주돈이에 대하여 '그의 인품이 맑은날에 바람(광풍 光風)과 비갠 날의 달(제월 霽月)과 같다.'고 칭송하는 글을 썼습니다.

이처럼 광풍제월는 고결한 인품을 나타내는 말로 사용되었습니다.

괘관(掛冠)

掛(괘) 건다, 단다
冠(관) 갓

이 말은 관리가 갓을 벗어서 건다는 뜻으로 관직을 버리고 사퇴하는 것을 뜻합니다.

후한시대(後漢時代) 사람인 봉맹은 집이 가난하여 도둑을 잡는 정장(亭長)이 되었는데, 맡은 바 책임을 성실히 수행하면서도 춘추(春秋)에 정통했습니다.

그러던 중 전한(前漢)의 12대 왕인 애제(哀帝)가 죽고 왕망(王莽)이 대사마(大司馬)가 되어 평제(平帝)를 세웠습니다. 하지만 왕망은 평제의 모친인 위희(衛姬)와 그의 가족들이 도읍으로 들어오도록 허락하지 않았습니다.

뿐만 아니라 그는 이 일의 진상을 밝힌 자신의 장남인 왕우(王宇) 내외를 죽이기까지 했습니다.

그러자 봉맹은 친구에게 다음과 같이 말했습니다.

"삼강(三綱)은 이미 끊어지고 말았다. 지금 떠나지 않으면 우리에게도 수난이 미치게 될 것이다."

그런 뒤에 봉맹은 즉시 갓을 벗어서 장안의 북문인 동도문(東都門)에 걸어놓고 집으로 돌아갔습니다. 그리고 가족과 함께 즉시 바다를 건너가 요동에 숨어서 지냈던 것입니다.

즉, 괘관이란 봉맹의 경우에서 생겨난 고사성어인 것입니다.

구사일생(九死一生)

九(구) 아홉
死(사) 죽는다
一(일) 하나
生(생) 날

사마천의 사기(史記)에 나오는 〈굴원(屈原)〉에 보면 다음과 같은 대목이 있습니다.

굴원은, 신하의 말을 임금이 제대로 분간을 못하고, 진실과 아첨하는 말이 왕의 밝은 지혜를 가리고, 간사하고 빗나간 말이 임금의 공명정대함에 상처를 내어 올바른 선비들을 용납하지 않게 된 것을 개탄하였습니다.

그리하여 이러한 근심을 담아 이소(離騷) 한 편을 지었는데, 그 제6란에 다음과 같은 대목이 있습니다.

"길게 한숨 쉬고 눈물을 닦으며 인생에 있어서 어려움이 많음을 슬퍼한다… 그러나 자기의 마음이 선하다고 믿기 때문에, 비록 아홉 번을 죽는다고 해도 오히려 후회하는 일은 아니할 것이다.(수구사 유미기회 雖九死 猶未其悔)"

 또한 구사(九死)에 대해서 문선(文選)을 편찬한 유량주(劉郞注)
는 다음과 같이 말했습니다.

 "아홉은 수의 맨 끝이다. 충성과 신의, 곧음과 청결함이 내 마음
의 선하고자 하는 바이니, 이 해를 만나 아홉 번 죽어 한 번을 살
아날 수 없다고 해도 아직 후회하고 원한을 품기는 부족하다."

 이처럼 아홉 번 죽고 한 번을 살지 못한다는 뜻으로 사용된 구
사일생은 죽을 뻔한 고비를 수 없이 넘긴 뒤에 겨우 살아난다는
뜻으로 사용되고 있습니다.

구우일모(九牛一毛)

九(구) 아홉
牛(우) 소
一(일) 하나
毛(모) 털

이 말은 글자 그대로 아홉 마리 소의 털 가운데 한 개의 털이라는 뜻을 가지고 있는데 많은 것 가운데 아주 적은 것을 비유하는 성어로 쓰입니다.

『사기』를 저술한 사마천은 「보임안서(報任安書)」의 앞부분에서 자신이 이릉을 변호했던 일 때문에 관청의 형벌을 받게 된 결과에 대해서 말합니다.

자신은 임안과 이릉 등과 함께 투옥의 고통을 맛보았으며, 더구나 자신은 거세를 당해 세상 사람들의 웃음거리가 되었지만 그것은 정말 슬픈 일이라고 했습니다.

이어서 보임안서의 끝부분에서 사마천은 다음과 같이 말하고 있습니다.

"나의 아버님은 부부단서(部符丹書)를 받아 마땅한 공적도 없는 문사성력(文史星歷)의 계원으로, 점장이 부류에 속하는 사람이다.

원래 천자가 희롱하여 노니는 것을 상대하기 위해 천한 배우들처럼 양성되어 세상 사람들이 가볍게 취급하는 사람이었다.

설사 내가 법에 복종하여 처형을 당한다고 해도 아홉 마리의 소에서 한 개의 털을 잃는 것과 마찬가지이니 벌레의 죽음과 무엇이 다를 수 있을 것인가?"

괴로움으로 가득 찬 이 자조적인 글에는 가슴을 찡하게 만드는 무엇이 있습니다. 그 어딘가에 당시의 사회적인 불만 및 속세의 분노가 깃들어 있음을 알 수 있습니다.

구유밀복유검(口有蜜腹有劍)

口(구) 입 　 腹(복) 배
有(유) 있다 　 有(유) 있다
蜜(밀) 꿀 　 劍(검) 칼

　입에는 꿀이 있고 뱃속에는 칼이 있다는 이 말은 겉으로는 남을 위해 상냥하게 마음을 쓰는 척 하지만 막상 돌아서면 남을 해칠 마음을 가지고 있다는 뜻으로 사용되는 고사성어입니다.

　중국의 역대왕조는 후궁들을 중심으로 돌아갔으며, 아울러 검은 속셈을 가진 책략가인 정치가들이 수도 없이 많았습니다. 그중에서도 특히 유명 했던 정치가는 당나라의 이임보라고 하는 인물이었습니다.

　그는 환관에게 뇌물을 준 것이 인연이 되어 당현종(唐玄宗)이 총애하는 왕비의 치마폭에 들어가 출세하게 된 사람입니다. 즉 처음부터 전형적으로 타락한 정치인이 된 것입니다.

　그는 개원(開元) 22년에서 24년까지 부재상을 지냈으며, 천보 11년에 재상자리에 올라 죽을 때까지 19년 동안이나 군림했습니다.

언제나 현종의 측근에 있으면서 막강한 인사권을 손아귀에 쥐고 국정을 좌우했으며, 결국에 가서는 당나라를 한 때 패망의 위기에 까지 몰아 넣었던 안록산의 난리를 불러들인 장본인인 것입니다. 원래 질투심이 강했던 이임보는 자기 보다 우수한 사람을 보면 그가 자기의 지위를 위협하게 될 것이라고 의심했습니다. 그리하여 어떤 수를 써서든지 조정에서 추방 하고 말았습니다.

그때에 사용하는 방법이 또한 야비하기 이를 데 없었습니다.

자신의 권력을 이용하여 상대를 밀어 내는 법이 없었습니다. 항상 현종에게 아첨하여 일단 상대를 벼슬 자리에 올려 놓은 다음 약점을 잡아 가차없이 끌어 내리곤 했습니다.

이런 이임보를 두고 사람들은 "입에는 꿀이 있고 뱃 속에는 칼이 있다(구유밀복유검 口有蜜腹有劍)."라고 하였습니다.

국사무쌍(國士無雙)

國(국) 나라
士(사) 선비
無(무) 없다
雙(쌍) 쌍

한신(韓信)이 태어난 곳은 원래 회음(淮陰)이었습니다.

그는 젊었을 때 가난했으며 방탕했기 때문에 관리로 등용되지 못했을 뿐만 아니라 장사조차 못했습니다. 그리하여 많은 사람들이 그를 귀찮게 여겼기 때문에 먹고 살기도 힘들었습니다.

어느날 한신이 개울에서 낚시질을 하고 있었습니다. 그때 같은 개울에서 빨래를 하던 노파들 가운데 하나가 그를 가엾게 여겨 밥을 먹여 주었습니다.

이미 여러 날을 굶었던 한신이 그 노파에게, "이 은혜를 언젠가 꼭 갚겠습니다."

하고 사례하자 노파는 갑자기 화를 냈습니다.

"착해 뵈는 젊은이가 굶은 것 같아 보여 불쌍해서 밥을 줬을 뿐이야. 누가 보답을 바라고 그런 줄 알아!"

당시 회음에서 사는 사람들 중에는 한신을 바보처럼 취급하는 사람들이 많이 있었습니다. 어느 날 한신은 많은 사람들이 지켜보는 곳에서 큰 모욕을 당하게 되었습니다.

"지체가 높은 척하며 칼을 늘어뜨리고 다니지만, 실은 형편없는 비겁자야. 너를 죽이겠다. 죽는게 두려우면 나를 찔러 봐. 그게 싫으면 내 가랭이 사이로 기어나가 보라구."

처음에 한신은 상대를 무섭게 노려보았습니다. 그러나 이내 엉금엉금기어 그 사람의 다리 밑으로 빠져 나갔습니다.

그 광경을 본 구경꾼들은 일제히 한신을 비웃으며 혀를 찼습니다.

한신은 처음에 항우의 부하로 있었는데 마음이 맞지 않아 도망친 뒤 한나라 군대에 들어가게 되었습니다.

이윽고 하후영에게 인정을 받게 된 그는 군량을 관리하는 직책을 받게 되었으며, 승상인 소하에게도 인정받는 사람이 되었습니다.

그때 한나라의 왕인 유방이 봉지(封地)인 남정으로 떠나게 되었는데, 도중에 장군과 병사들이 수없이 많이 도망치고 말았습니다.

그때에 한신도 역시 도망치고 말았습니다. 소하가 여러 차례나 추천해 주었는데도 유방이 중요한 직책을 맡겨 주지 않았기 때문이었습니다.

한신이 도주했다는 소식을 들은 소하는 크게 당황했습니다. 자신이 크게 기대하는 인물이기 때문이었습니다.

그는 소문도 내지 않고 즉시 한신의 뒤를 추적했습니다. 그리고 유방에게 그같은 사실이 보고되었습니다.

"소하승상이 도망쳤습니다."

보고를 받은 유방은 크게 실망했습니다. 평소에 소하를 한쪽 팔처럼 믿고 있던 유방이었습니다. 그러나 도망친 것이 아니었던 소하는 불과 이틀 후에 돌아왔습니다.

유방은 크게 기뻐하며 물었습니다.

"무엇 때문에 도망쳤었느냐?"

"도망친게 아니고 도망자를 추적했을 뿐입니다.

"그게 누구인가?"

"한신입니다."

"그건 당치도 않는 말이다."

"네?"

"그대는 수십 명의 장군들이 도망쳐도 추적하지 않았었다. 그런데 어째서 한신만은 추적했단 말인가?"

『사기史記)』에 보면 이때에 소하는 다음과 같이 대답했다고 합니다.

"다른 장군들은 쉽게 다시 얻을 수가 있습니다. 그러나 한신은 나라에서 가장 뛰어난 인물(국사무쌍 國士無雙)입니다. 왕께서 언제까지나 한나라의 왕으로 만족하실 생각이라면 한신에게 중요한 직책을 맡기지 않으셔도 됩니다. 그러나 천하를 수중에 넣으실 뜻이 있으시다면 한신 외에는 그 뜻을 이루어 줄 인물이 달리 없다고 생각합니다. 그것은 왕께서 어느 것을 선택하시느냐에 따라 달라질 수 있는 일인 것입니다."

　여기서 국사무쌍이란 나라에서 둘도 없는 가장 뛰어난 인물이라는 뜻입니다.

　그리하여 한신은 장군이 되었으며, 그때부터 타고난 능력을 발휘하였습니다.

　뒷날 한신은 초나라의 왕이 되었습니다. 그리하여 굶었을 때 밥을 준 노파에게 천금을 내려 치하했으며, 가랑이 밑으로 기어가도록 했던 자도 찾아내어 벼슬을 내렸다고 합니다.

군계일학(群鷄一鶴)

群(군) 무리
鷄(계) 닭
一(일) 하나
鶴(학) 학

　군계일학이란 글자 그대로 닭의 무리 중 한 마리의 학이란 뜻으로, 『진서』의 〈혜소전〉에 나오는 말입니다.

　중국 진나라 초기 죽림칠현 중의 한 사람인 혜강은 억울한 누명을 쓰고 사형을 당한 사람입니다. 그의 친구이며 역시 죽림칠현의 한 사람인 산도는 혜강의 아들 혜소에게 학문과 무예를 가르쳐 위나라 무제에게 추천했습니다. 그러자 무제는 혜소에게 비서승이라는 높은 벼슬을 주어 낙양으로 불러들였습니다. 이때 혜소를 본 어떤 선비가 감탄하며 말하기를 "많은 사람들 중에 섞여 있는 혜소는 그 의기 충천하고 늠름한 모습이 마치 많은 닭의 무리 가운데 한 마리의 고고한 학이 끼어있는 것 같다(군계일학 群鷄一鶴)."라고 비유했습니다.

이때부터 군계일학이라는 말은 평범한 사람 사이에 있는 비범하고 출중한 사람을 표현하는 단어로 쓰이게 되었습니다.

군맹평상(群盲評象)

群(군) 무리
盲(맹) 장님
評(평) 평할
象(상) 코끼리

　이 고사성어는 원래 여러명의 맹인들이 코끼리를 평한다는 뜻
으로 전해 내려오는 말입니다.

　『북송열반경(北宋涅槃經)』의 〈사자후보살품(獅子吼菩薩品)〉에
보면 다음과 같은 이야기가 소개됩니다.
　어느 나라의 왕이 하루는 신하들을 향하여, "코끼리를 끌어내다
맹인들에게 보여 주도록 하라"하고 명령하였습니다.
　신하들은 즉시 코끼리를 끌어냈으며 여러명의 맹인들로 하여금
손으로 만져보도록 했습니다. 그런 뒤에 왕은 그 맹인들을 불러놓
고 물었습니다.
　"너희들은 코끼리가 어떻게 생겼는지 알겠느냐?"
　"예, 알겠사옵니다."
　맹인들이 일제히 대답했습니다.

"그럼 코끼리의 모습이 무엇과 같더냐?"

그러자 상아를 만져 본 맹인이 먼저 대답했습니다.

"예. 코끼리는 무우처럼 생겼습니다."

이번에는 귀를 만져본 맹인이 대답했습니다.

"코끼리는 키처럼 생겼사옵니다."

이어서 머리를 만져본 맹인이 말했습니다.

"코끼리는 돌과 같사옵니다."

이번에는 코를 만져본 맹인이 대답했습니다.

"코끼리의 모습은 방아를 찧는 공이와 같사옵니다."

다리를 만져본 맹인은 코끼리가 나무토막과 같다고 말했습니다. 또한 등을 만졌던 맹인은 코끼리가 나무판자처럼 생겼다고 말했습니다. "코끼리는 항아리 같사옵니다." 배를 만져본 맹인의 말이었습니다.

꼬리를 만졌던 맹인은 "코끼리의 생김새는 새끼줄과 같사옵니다."하고 말했습니다.

그들은 모두 자신이 만져본 코끼리에 대해서 말하고 있었습니다. 하지만 그들이 대답한 동물은 코끼리가 아니라고 할 수도 그렇다고 코끼리라고 할 수도 없는 것이었습니다.

여기서 중요한 것은, 이 이야기에 나오는 코끼리는 다름 아닌 부처님을 비유하고 있다는 사실입니다.

즉 모든 맹인들은 밝지 못한 중생으로 비유한 말인 것입니다. 또한 이 이야기는 많은 인간들이 부처님을 부분적으로 이해할 수 있다는 사실, 그러니까 중생들 각자에게는 자기의 부처님이 있다는 뜻을 가지고 있기도 합니다. 그러나 많은 맹인들이 각각 코끼리를 만져보고 자기가 만진 부분만을 말한 것처럼, 보통사람이 위대한 성인이나 사업을 이와 같은 식으로 평판한다는 뜻이 담긴 말입니다.

이처럼 일부분만을 믿고 평가하기 때문에 전체적인 뜻은 모르고 있다고 할 때에 사용되는 말이 바로 군맹평상인 것입니다.

권선징악(勸善懲惡)

勸(권) 권하다
善(선) 착하다
懲(징) 징계하다
惡(악) 악하다

요즘에도 널리 쓰이고 있는 이 말은 악한 것을 징벌하고 선한 것을 권한다는 뜻을 가지고 있습니다. 『춘추좌씨전(春秋左氏傳)』의 노나라 성공(成公) 14년을 보면 다음과 같은 기록이 나와 있습니다.

"춘추시대의 호칭은 알아듣기 어려운 것 같으면서도 쉽고, 쉬운 것 같으나 또한 뜻이 깊고, 빙글빙글 도는 것 같으나 잘 정리되어 있으며, 노골적인 표현을 쓰고 있으나 품위가 깃들어 있으며, 악행을 징벌하고 선행을 권고한다(징악이권선 懲惡而勸善). 성인이 아니라면 과연 누가 이렇게 지을 수 있겠는가?"

징악이권선은 악한 사람에 대해서는 가차없이 책망하되, 선한 사람에 대해서는 이를 적극적으로 권장한다는 뜻이 담긴 것인데 이때부터 권선징악이라는 말이 사용되기 시작했다고 합니다.

권토중래(捲土重來)

捲(권) 감아 말다
土(토) 땅, 흙
重(중) 무겁다
來(래) 오다

이것은 다음과 같은 뜻으로 사용되고 있는 말입니다.

"싸움에 한 번 패한 사람이 다시 힘을 내어 흙을 말아올리는 기세로 공격해 쳐들어온다."

그러나 현대사회에서는 그 내용이, "어떤 일이든 한 번 실패한 사람이 재차 도전한다."라는 뜻으로 널리 사용되고 있는 말입니다.

원래 권토중래라는 말이 생겨나게 된 것은 만당(晚唐)의 대표적인 시인 두목(杜牧=803년)의 칠언절구(七言絶句)인 〈제오강정시(題烏江亭詩)〉에서 비롯되었는데 그 시의 내용을 보면 다음과 같습니다.

승패는 병가(兵家)도 기약할 수 없으나,
부끄러움을 안고 그것을 참는 것이 바로 남자라네

　강동(江東)의 자제들 가운데는 호걸들이 많으니,
　흙을 말고 거듭 쳐들어 왔다면 어찌 되었을까(권토중래미가지 捲
土重來未可知)?

　오강(烏江)은 안휘성의 화현(和縣) 동북쪽에 자리잡고 있으며 양
자강의 오른쪽 기슭에 해당됩니다.
　이 곳을 여행하던 두목이 옛날 그곳에서 스스로 목숨을 끊은 항
우를 그리워하면서 읊은 것이 이 시입니다.

　해하(垓下)에서 유방과 마지막 전쟁을 하다가 패한 항우는 이
곳으로 피신하게 되었습니다. 당시 오강의 정장(亭長)이 기슭에
배를 대기시켜 놓고 항우를 기다리고 있었습니다.
　지방에서 도둑을 잡아들이는 하급관리를 정장이라고 했는데 그
는 항우가 왔을 때 다음과 같이 말했습니다.

"왕이시여, 강동은 비록 작은 땅이지만 수십만 명이 살고 있습니다. 그러니 어서 배에 오르시면 제가 모셔다 드리겠습니다."

양자강 하류에 있는 강동땅은 일명 강남(江南)으로 부르기도 하는 곳입니다. 원래 항우가 군사를 일으킨 땅도 이 곳이며, 정장은 항우가 다시 그 곳으로 귀환 하도록 권했던 것입니다.

그러자 항우가 말했습니다.

"옛날 강동의 젊은이 8천명과 나는 강을 건너 서쪽으로 갔거니와, 지금은 같이 건너갈 젊은이가 한 사람도 없지 않은가. 이러니 내가 무슨 면목으로 강을 건너가 강동에 계신 그들의 부모님들을 뵈올 수 있단 말인가."

이윽고 말에서 내린 항우는 타고 온 말을 차마 죽일 수 없어 정장에게 주었습니다. 그리고 추적해 온 한나라의 군대와 치열한 격전을 벌이다가 자결하고 말았던 것입니다.

당시 항우의 나이는 30세로서 좀처럼 보기 드문 영웅이었습니다. 그의 비참한 최후를 두목은 이 시에서 안타깝게 표현하고 있습니다. 즉 항우가 비록 한 번 패했으나 다시 강동으로 건너가 젊은이들을 규합, 재도전하지 않았음을 통탄한 시였던 것입니다.

극기복례(克己復禮)

克(극) 이긴다
己(기) 몸, 자기
復(복) 다시, 회복할
禮(례) 예도

이 말은 자신을 이기고 〈예〉로 돌아간다는 것을 뜻합니다.

논어 가운데는 인(仁)에 대한 가르침이 상당히 많이 나옵니다. 다시 말하자면 공자는 인을 근본적인 사상으로 삼고 있었다는 것입니다. 극기복례 역시 그런 의미에서 인을 정의하는 것이라고 볼 수도 있습니다. 다음과 같은 말이 있습니다.

누가 인에 대하여 여쭙자 공자께서 말씀하셨습니다.

"나를 이기고 예로 돌아감이 바로 인이다. 하루 동안 나를 이기고 예로 돌아가면 천하가 인으로 돌아가게 된다. 인을 행함은 자신으로 말미암은 것이니, 어찌 다른 사람으로 말미암은 것이겠는가?"

그가 다시 세부적인 설명을 요구하자 공자가 대답하셨습니다.

"예가 아닌 것은 보지 말고, 예가 아닌 것은 듣지 말고, 예가 아

닌 말은 하지도 말고, 예가 아니면 움직이지 말라.”

　이것은 공자가 그의 수제자와 나눈 이야기의 한 대목입니다.
　즉, 사사로운 마음이나 헛된 욕망이 일어나도 자기를 스스로 이기고 예(禮)로 돌아가라는 것이 극기복례입니다.

금란지교(金蘭之交)

金(금) 금, 쇠, 성
蘭(란) 난초
之(지) 갈
交(교) 사귐

이것은 친구와의 사이가 매우 가깝기 때문에 그 벗함이 쇠보다 굳을 뿐만 아니라 그 향기는 마치 난초와 같다는 뜻으로 쓰이는 말입니다. 『역경(易經)』에는 다음과 같은 글이 있습니다.

군자의 도는 나아가 벼슬을 하고 물러나와 집에 있으며,
침묵을 지키지만 크게 말하는 것이다.
두 사람의 마음이 하나로 합치면 그것의 예리함이 쇠(金)를 끊고,
마음을 하나로 합쳐서 말하면 그것의 향기는 난초(蘭)와 같으니라.

여기에서 매우 가까운 친구사이를 일컬어 금란지교라고 하는 말이 나오게 된 것입니다. 또 금란부라는 말이 있는데 이는 대홍정이라고 하는 사람이 친구를 사귈 때마다 장부에 기록한 뒤에 향을 피우고 조상에게 이를 고했는데, 그 장부가 바로 금란부입니다.

금상첨화(錦上添花)

錦(금) 비단
上(상) 위에
添(첨) 더하다
花(화) 꽃

왕안석(王安石)은 송나라의 대표적인 시인으로서 그가 만년에 남경에서 은둔생활을 할 때 지은 것으로 추측되는 작품 중에, 세상이 돌아가는 물정에 대해서 읊은 다음과 같은 글이 있습니다.

강물은 남원으로 흘러 언덕 서쪽으로 기울어지는데,
바람에 수정빛이 있어 이슬에 꽃다움이 있네.
문 앞의 버드나무는 고인이 된 도령의 집이고,
우물가의 오동나무는 지난 날 총지의 집일세.
좋은 초대를 받아 술잔을 거듭 기울이니,
아름답게 노래를 불러 비단 위에 꽃을 더하고 있네(여창잉첨금상화 麗唱仍添錦上花).
문득 무릉도원(武陵桃源)에 술통과 고기안주의 손님이 되니,
내 가깝고 먼 곳에는 아직도 붉은 노을이 많지 않네.

비단은 잔치가 벌어지고 있는 자리와 그 주변의 풍경을 읊은 것이라고 생각됩니다.

또 여기에 나오는 꽃은 다름아닌 아름답게 들리는 노래소리를 의미하고 있습니다.

그래서 금상첨화는 좋은 것에 또 좋은 것이 더해짐을 의미합니다.

금슬상화(琴瑟相和)

琴(금) 거문고
瑟(슬) 비파
相(상) 서로
和(화) 화합하다

이것은 거문고와 비파소리가 조화를 이루는 것처럼 부부간의 사이가 화목함을 뜻하는 말입니다.

『시경(詩經)』의 〈소아(小雅)〉에는 한 집안의 화목한 모습을 노래한 다음과 같은 구절이 있습니다.

아내와 아들이 화합하는 것이,
마치 비파와 거문고가를 울리는 것과 같다.
형제가 이미 화합하여,
화락하고 또 즐긴다.

이 시는, 한 집안의 처자와 형제사이의 화락한 광경을 노래한 것인데 잔치 때에 흔히 즐겨 부르는 내용입니다.

또한 『시경(詩經)』에는 요조숙녀를 아내로 맞아 살고 싶다는 내

용의 시도 있습니다.

들쭉날쭉한 물쑥을
좌우로 헤치며 딴다.
아름다운 아가씨를
거문고(琴)와 비파(瑟)처럼 벗하고 싶다.

여기서 사이 좋은 부부사이를 거문고와 비파소리와 같다하여
금슬(琴瑟)이라고 한 것입니다.

기사회생(起死回生)

起(기) 일어나다
死(사) 죽을
回(회) 돌아올
生(생) 날

이 말은 죽음에 임박한 환자가 살아났다거나 위급한 상태에 있는 상황에서 극적으로 벗어나 다시 호전 시킨다는 것을 뜻하는 말입니다.

춘추시대 후기인 노나라 애공원년의 일입니다. 오나라의 왕 부차(夫差)는 3년전에 있었던 월국(越國)과의 싸움에서 패해 죽은 아버지 합려의 원수를 갚으려 월국을 격파하였습니다.

이때에 월국의 대부인 종(種)이 월나라의 왕인 구천에게 화평을 청하도록 하였습니다. 구천이 굴욕적인 조건으로 항복을 하자 오나라의 부차 왕은 오자서의 반대에도 불구하고 항복을 받아들였습니다. 그러자 구천은 "왕께서 저를 살려 주심은 죽은 사람을 일으켜(기사인 起死人) 백골에 살을 붙이는 것과 같습니다. 그러니 어찌 은혜를 잊겠습니까?"라고 하였습니다.

그래서 기사회생은 죽은 목숨을 다시 살려낸다 또는 그처럼 큰
은혜를 베푸는 것을 뜻합니다. 그러나 결국 구천이 이를 계기로
다시 살아나 후에 오나라의 부차를 굴복시키기 때문에 기사회생
은 죽을 뻔하다가 살아난다라는 의미로도 많이 사용됩니다.

기우(杞憂)

杞(기) 나라이름
憂(우) 근심하다

현대 사회에서도 널리 사용되고 있는 이 말은, 공연히 쓸데없는 걱정을 한다는 뜻을 가지고 있습니다.

『열자(列子)』의 〈천서편(千瑞篇)〉에 보면 다음과 같은 재미있는 이야기가 있습니다.

기국(杞國)에 사는 한 사람은 하늘과 땅이 무너지면 어떻게 살 수 있을까 하면서 몹시 근심하여 먹고 자는 것까지 그만 두게 되었습니다.

그때에 그를 걱정하는 사람이 그에게 가서 깨우쳐 주려고 다음과 같이 말했습니다.

"하늘은 기운이 쌓인 것에 불과한 것이니 어디에나 기운이 있다. 네 몸을 굽히거나 펴고 또 숨을 쉬는 것 등은 하루종일 하늘에서 계속되고 있네. 그런데 그대는 어찌 하늘이 내려앉을까 봐 걱정하고 있는 것인가?"

그가 대답했습니다.

"정말로 기운이 쌓인 것이 하늘이라면 공중에 떠있는 해와 달과 별들이 떨어질 것이 아닌가?"

"그것들 역시 기운이 쌓인 가운데 빛나고 있는 것일세. 설사 그것들이 떨어져내린다고 해도 상처를 입힐 곳은 없다네."

"그럼 땅이 꺼지면 어쩌지?"

"땅이란 덩어리가 쌓인 것에 불과하다네. 사방의 빈 곳을 그 덩어리들이 모두 막고 있단 말일세. 그리하여 하루종일 걷고 밟는데 어찌 그 땅이 꺼지겠는가?"

그로부터 얼마 후에 장려자라는 현명한 사람이 그 이야기를 듣더니 다음과 같이 말했습니다.

"하늘과 땅이 무너질까 봐 걱정한다는 것은, 지나친 근심이라고 할 수 있다. 그러나 무너지지 않을 것이라고 단언한다는 것도 역시 올바른 판단은 되지 못한다."

그런 뒤에 장려자는 열자의 말을 인용하여 다시 다음과 같이 말했습니다.

"하늘과 땅이 무너지거나 혹은 무너지지 않거나. 그런 일로 인해서 마음을 혼란시키지 않는 근심없는 마음의 경지가 가장 중요하다."

즉 쓸데도 없는 근심을 가리켜 기우라고 말한 것입니다.

각골난망(刻骨難忘)

뼈에 새기어 잊기 어렵다는 말이므로, 남의 은덕을 잊지 않고 기억한다는 뜻입니다.

각골통한(刻骨痛恨)

원한이 뼈에 사무쳐 잊혀지지 않고 항상 깊이 한탄한다는 말입니다.

갈이천정(渴而穿井)

목이 말라야 우물을 판다는 말이므로, 매사에 미리 준비하여 두지 않고 임박하여 급히 서두르면 이미 때가 늦어 일이 되지 않는다는 뜻입니다.

감언이설(甘言利說)

듣기에 좋고 그럴 듯한 말로 남을 꾀는 것을 이르는 말입니다.

감탄고토(甘呑苦吐)

달면 삼키고 쓰면 뱉는다는 말입니다.

개과천선(改過遷善)

지난 허물을 고치고 착하게 되는 것을 말합니다.

견리사의(見利思義)

이익되는 것이 있어도 먼저 의리를 생각해 보아 취할 것인가 아닌가를 결정하라는 말입니다. 즉, 아무리 이로운 일이 있어도 남에게 해를 끼치게 된다면 삼가야 한다는 뜻입니다.

견마지로(犬馬之勞)

개나 말이 주인에게 충성을 다하는 것과 같이 온 정성을 다하여 일하며 받든다는 뜻입니다. 또 자신의 수고를 낮추어 겸손하게 말할 때 쓰는 말이기도 합니다.

견원지간(犬猿之間)

개와 원숭이의 사이를 일컫는 것으로, 몹시 사이가 나빠 만나기만 하면 다투는 사람들을 두고 하는 말입니다.

결자해지(結者解之)

맺은 사람이 그것을 푼다는 말이므로, 처음 시작한 사람이 그 일을 끝맺어야 한다는 뜻입니다.

겸양지덕(謙讓之德)

겸손하고 사양하는 미덕을 말합니다.

고목생화(枯木生花)

마른 나무에 꽃이 핀다는 말입니다. 즉 불우한 사람이 행운을 만나 잘되는 경우를 말합니다.

고복격양(鼓腹擊壤)

배를 두드리며 격양(팽이)놀이에 열중한다는 말이므로, 세상이 태평하고 의식이 풍부하여 아무런 근심걱정 없이 안락하게 산다는 뜻입니다.

고장난명(孤掌難鳴)

한쪽 손으로는 손뼉을 칠 수 없다는 말이므로, 어떤 일이든지 짝이 맞아야 된다는 뜻입니다.

고희(古稀)

중국의 시인 두보(杜甫)의 시 속에 있는 '인생칠십은 드문 일.'이라는 구절에서 따온 말로, 일흔살을 일컫는 말로 쓰이고 있습니다.

곡굉이침지(曲肱而枕之)

논어(論語)에 '나물밥을 먹고 물마시고 팔굽혀 베니 즐거움이 그 속에 있다.'는 말에서 따온 말로, 청빈한 생활을 즐긴다는 뜻입니다.

곡학아세(曲學阿世)

진리를 그릇되게 해석하여 권력자에게 아첨하거나 세상의 인기를 얻으려고 하는 것을 말합니다.

골육상잔(骨肉相殘)

골육지친(骨肉之親), 즉 가까운 혈족끼리 서로 해치고 싸우는 것

을 일컫는 말입니다.

공수래공수거(空手來空手去)

빈 손으로 왔다가 빈 손으로 간다는 말이므로, 사람이 이 세상에 태어날 때 아무것도 가지고 나온 것이 없고 죽어 돌아갈 때 또한 아무것도 가지고 갈 수 없는 것이라는 뜻입니다. 즉, 부질없는 욕심을 부리지 말라는 말입니다.

교각살우(矯角殺牛)

쇠뿔을 고치려다 소를 죽인다는 말이므로, 작은 일을 돌보다가 큰 일을 망친다는 뜻입니다.

구미호(九尾狐)

아홉 개의 꼬리를 가진 여우라는 뜻으로, 간사하고 요망하여 남을 잘 속이는 사람을 일컫는 말입니다.

권불십년(權不十年)

권세가 십년을 가지 못한다는 말입니다. 즉, 아무리 높고 센 권세라도 오래가지 못한다는 뜻입니다.

근묵자흑(近墨者黑)

먹을 가까이 하면 검은 색이 된다는 말이므로, 사람은 그가 늘 가까이 하는 사람의 영향을 받아서 변하는 것이니 조심하라는 뜻입니다.

근주자필적(近朱者必赤)

붉은 빛과 가까이 하면 반드시 붉게 된다는 말이므로, 사람은 그가 사귀는 사람의 영향을 반드시 받게 된다는 뜻입니다.

금과옥조(金科玉條)

금이나 옥과 같은 법률의 조항이라는 말이므로, 매우 귀중한 법칙을 말하는 것입니다.

금의야행(錦衣夜行)

비단옷을 입고 밤길을 간다는 말이므로, 애써 한 일이 알아 주는 사람이 없어 헛수고가 되는 것을 뜻합니다.

금지옥엽(金枝玉葉)

금으로 된 가지에 옥으로 된 잎이라는 말이므로, 임금이나 귀족의 자손 또는 귀한 자식을 일컫는 말입니다.

기고만장(氣高萬丈)

기운이 만 장이나 뻗치었다는 말이므로 씩씩한 기운이나 자신감이 대단하게 뻗침을 뜻합니다.

낙양지귀(洛陽紙貴)

洛(낙) 물이름, 한나라서울
陽(양) 볕
紙(지) 종이
貴(귀) 귀하다

이 말의 뜻은 낙양의 종이 값이 크게 올랐다는 뜻으로 책이 호평을 받아 잘 팔림을 의미합니다.

진나라의 좌사는 제나라의 임치(臨緇)사람인데 선비의 가문에서 태어났습니다.

그는 젊었을 때부터 글을 익히는 한편 거문고와 북 등을 다루는 법도 배우고 익혀 숙달되기에 이르렀습니다. 하지만 그에게는 커다란 약점이 있었습니다. 태어날 때부터 용모가 추했는데다 말까지 더듬은 것입니다. 때문에 그는 바깥출입을 일체 하지 않고 오직 창작에만 몰두했습니다.

그런데 매형되는 사람이 금리(禁裡)에서 벼슬을 하게된 탓으로 집안이 도읍으로 이사를 가게 되었습니다. 그는 어느 날 저작랑(著作郎)으로 있는 장재(張載)를 찾아가 〈삼도지부(三都之賦)〉를 창작하기 위한 자문을 구했습니다.

그렇게 하여 구상하기를 10년.

그동안 뜰에는 물론 문에서 담에 이르기까지 도처에 붓과 종이를 놓아두고 글귀가 떠오르면 즉석에서 그것을 써넣곤 했습니다.

하지만 그와 같은 노력 끝에 지어낸 삼도지부는 별로 대단한 결과를 얻지 못했습니다. 때문에 그는 작품을 가지고 황보밀을 찾아가게 되었습니다. 무제(武帝)에 자주 있었던 벼슬자리 요청을 거부하고 농사를 지으며 많은 작품을 지어서 발표한 황보밀은 당시 현안선생(玄晏先生)으로 알려진 인물이었습니다.

황보밀은 그가 내민 작품을 읽어보더니, "아주 좋은 글이로군." 하고 칭찬하더니 그 즉석에서 작품의 서문을 써 주기까지 했습니다.

서문의 내용 역시 대단한 칭찬이 담긴 것이었습니다.

"이 작품은 정말로 반고(班固)나 장형(張衡)의 작품과 어깨를 나란히 할 만하다. 모두 읽고 난 다음에는 여운이 요요하고, 날이 갈수록 독자들에게 새로운 감명을 받도록 해 줄 것이다."

이와 같은 칭송을 듣게 되자 도읍의 높은 관리들이 앞을 다투어 그 글의 내용을 적어갔는데, 그로 인해 낙양의 종이값이 껑충 뛰어오를 정도가 되었다고 합니다.

난형난제(難兄難弟)

難(난) 어려울
兄(형) 형
難(난) 어려울
弟(제) 아우

이것은 어떤 두 가지의 사물을 놓고 그것들의 우열을 가리기가 매우 어려울 때 사용하는 말로서 역시 현대사회에서도 자주 사용하는 말입니다.

양상군자(梁上君子)라는 고사성어로 알려진 후한말의 진식(陣寔=104년)은 태구(太丘)의 현령이라고 하는 미관말직에서 형편없는 녹봉을 받고 있었습니다. 하지만 그의 두 아들인 진기와 진심과 함께 세 군자로 불려지며 덕망에 대한 소문이 자자한 인물이었습니다.
그 아들들이 성인이 되어 자식을 낳았는데 그 자식들이 서로 자기의 아버지가 더 훌륭하다고 다투다가 할아버지인 진식에게 판단을 내려달라고 부탁하게 되었습니다. 그러자 진식은 한참동안 생각하다가 대답했습니다.

"형은 형대로 훌륭한 동생의 형 노릇을 하기가 힘들고, 동생은 동생대로 훌륭한 형의 동생 노릇을 하기가 힘든 법이다."

다시 말하자면 난형난제라는 말은 둘 모두 훌륭하여 구별하기가 힘들다는 뜻을 가진 고사성어입니다.

남가일몽(南柯一夢)

南(남) 남쪽
柯(가) 나무가지
一(일) 하나
夢(몽) 꿈

남쪽으로 뻗은 가지 밑에서 꾼 꿈이라는 뜻으로 한 때의 부귀와 영화는 꿈과 같은 것이라는 의미입니다.

남가일몽이란 중국 당대 이공좌의 소설 『남가태수전(南柯太守傳)』에 나오는 이야기입니다.

주인공 순우분이 술에 취하여 선잠을 자는데 꿈 속에서 괴안국이라는 나라의 초청을 받고 그의 집 마당에 있는 홰나무 구멍 속으로 동행하게 되었습니다.

그리고 그 곳의 왕녀와 결혼하여 남가군의 태수가 되어 부귀영화를 누리다 왕녀가 죽자 귀향을 해서 깨어보니 그것이 자기집이었다는 것입니다. 마당으로 내려가 홰나무를 베어 조사해 보니 꿈 속에서의 나라와 똑같은 개미의 나라가 나타났다고 합니다.

　이것은 현실과 꿈의 혼돈 속에서 인간운명의 허무함을 말해 주는 것으로 이후 꿈과 같이 헛된 한 때의 부귀영화를 남가일몽이라는 말로 표현하게 되었습니다.

남아일언중천금(男兒一言重千金)

男(남) 남자 重(중) 무겁다
兒(아) 아이 千(천) 천
一(일) 하나 金(금) 금
言(언) 말

남아일언중천금은 남자는 자신이 한 말을 반드시 지켜야 한다
는 뜻으로 춘추시대 진나라 대부 순식의 일화에서 확인할 수 있는
고사성어입니다.

춘추시대 때 진(晋)나라의 진헌공(晋厭公:在位B.C 676~651)은
그가 죽기 전 대부 순식(大夫 句息)에게 태자 해제(奚齊)를 부탁하
면서 다음과 같이 말했습니다.

"내 뒤를 계승할 해제는 아직 어리기 때문에 중신들이 잘 따르
지 않을 것이다. 반란도 일어날 우려가 있다 그렇게 될 때 그대는
해제를 받들고 나갈 자신이 있겠는가 ?"

"있습니다."

"그 증거는?"

"남자는 일구이언(一口二言)을 하지 않습니다. 이 말씀이 무엇보

다. 큰 증거입니다."

이렇게 해서 진헌공은 해제의 뒤를 순식에게 부탁하고 죽었습니다.

순식은 그의 유언을 받들어 재상이 되었으며 해제를 임금으로 앉혔습니다.

해제는 진헌공이 만족(蠻族)인 여융을 정벌했을 때 얻어들인 여희의 소생이었고, 원래의 태자는 효성이 지극하고 어질기로 유명한 신생(申生)이었습니다.

그런데 악독한 여희가 악계(惡計)를 써서 태자 신생을 죽이고 자기 아들 해제를 태자로 세웠던 것입니다. 이것을 역사적으로 〈여희의 화〉라고 합니다.

진헌공이 죽자 대부 이극(大夫 里克)은 덕망이 높은 공자 중이(公子 重耳:뒤에 晉文公)을 임금으로 세우기 위해 반기를 들었습니다. 그는 먼저 순식에게 가서 공자 중이를 지지해 줄 것을 제의했습니다.

공자 중이는 진헌공의 둘째 아들이며 태자 신생이 살해당할 때 책나라로 망명해 갔던 인물이었습니다.

공자 중이는 백성들의 신망이 두터워서 누구든지 그가 임금이 되기를 바랐으며 순식도 또한 나라의 안정을 위해서는 그것이 상책임을 잘 알았습니다.

하지만 그는 진헌공과의 언약을 조금도 어길 수가 없어서 이극의 제안을 거절했습니다.

드디어 이극의 일당은 궁중으로 쳐들어가서 해제를 죽였으며

그때 순식도 순사 했습니다. 여희는 연못에 빠져 죽은 걸 이극의
패들이 건져 올려 다시 여러 토막을 냈습니다.

백성들은 억울하게 죽은 태자 신생의 원수를 갚았다면서 기뻐
하는 한편, 순식의 신의를 크게 안타까워 했습니다.

『삼국지(三國志)』에 보면 이런 이야기가 있습니다.

형주 태수 유표(劉表)의 적자(嫡子)는 유기 였는데 그의 악독한
계모가 자기 소생 유종을 적자로 갈아치우려고 유기의 목숨을 노
리자, 그는 제갈공명의 묘계(妙計)에 의해 형주를 떠나 멀리 강하
(江夏)로 자원(自願)해 가서 위기를 모면했습니다. 그때 제갈공명
은 유기에게 바로 이 〈여희의 화〉를 예로 들면서 공자 중이가 취
한 망명의 길을 택하게 했던 것입니다.

남전생옥(藍田生玉)

藍(람) 쪽
田(전) 밭
生(생) 나다, 태어나다
玉(옥) 구슬

　남전은 산시성에 있는 산 이름으로 옥의 명산지. 남전이 예로 부터 명옥을 산출하듯 명문에서 훌륭한 인물이 나온다는 뜻입니다.

　제갈량은 촉나라의 유비를 섬겼지만 그의 형 근은 오나라 손권의 신임 받는 신하였습니다.

　제갈근에게는 각이라는 총명한 아들이 있었는데 각이 여섯 살이 되던 해의 어느 날 아버지를 따라 조정의 연회에 참석했습니다. 각의 비상한 재주를 들어 잘 알고 있는 손권은 각에게 장난을 걸고 싶어졌습니다.

　사람을 시켜 당나귀 한 마리를 끌어오게 하고는 그 얼굴에다 "제갈근"이라고 썼습니다. 제갈근이 당나귀를 닮았기 때문이었습니다.

　모두 배꼽을 잡고 웃었지만 각은 담담한 표정으로 손권의 붓을 빌리더니 "의당나귀"라고 덧붙여 쓰니 "제갈근의 당나귀"가 되지 않는가.

모두 그 기지에 감탄 했고 손권은 당나귀를 각에게 주었습니다.

또 어느 날 손권이 각에게 물었습니다. "너의 아버지와 삼촌 중 누가 더 현명하다고 생각하느냐."

각의 대답. "훌륭한 군주를 섬기는 아버지가 더 현명하다고 생각합니다." 이러니 손권의 입이 벌어질 수밖에.

또 한 번은 유비의 사자가 오나라에 왔을 때 손권이 사자에게 각이 승마를 좋아하니 좋은 말 한 필을 보내주도록 삼촌인 제갈량에게 전해달라고 하자 그 말을 들은 각이 손권에게 고맙다고 말했습니다.

"좋아하기에는 너무 일러. 말이 언제 올지 모르는데."

"촉은 오나리의 마굿간이죠. 전하의 명령인데 반드시 명마를 보내줄 겁니다."

재치있게 받아 넘기는 각에게 감탄하면서 손권은 제갈근에게 말했습니다.

"남전에서 옥이 난다는 말이 진실로 거짓이 아니로다(남전생옥 진불허야 襤田生玉 眞不虛也)."

논자혐동취(論者嫌銅臭)

論(논) 말한다
者(자) 놈, 것
嫌(혐) 의심한다
銅(동) 구리
臭(취) 냄새, 향기

후한 제국 말기에 최열(崔烈)이라는 저명인사가 있었습니다. 구경태수를 역임한 사람으로 제법 인망이 있었는데 삼공이 하고 싶었는지 황태자의 유모에게 5백만전을 상납하여 사도(司徒)가 되었습니다. 임관하는 날 영제는 백관이 도열한 가운데 그를 보고 말했습니다.

"잘못한 것 같은데…… 좀 다그쳤으면 1천만전은 챙겼을 것을……"그러자 옆에 앉았던 황후가 말을 받았습니다.

"최공은 기주의 명사인데 돈으로 관직을 사겠어요? 손첩을통해 사도가 된건데 그게 더 보기 좋지 않아요?"

이 수작은 물론 백관의 귀에 들렸습니다. 그로부터 그의 명성은 땅에 떨어졌습니다.

얼마 지나서 주변의 눈초리가 이상한 것을 느낀 최열이 아들에게 물었습니다.

"내가 사도가 된 것을 모두들 뭐라고 말하더냐?"

"아버지는 젊어서부터 명성을 떨쳐 구경태수를 역임하셨습니다. 당시는 모두 아버지가 언젠가는 삼공이 되실 거라고 얘기 했었는데 지금은 실망하고 있어요."

"왜?"

"아무래도 돈 냄새가 나는 것 같다(論者嫌其銅臭)."고 합니다. 논자혐동취라는 말은 그렇게 되어 생겨났다고 합니다.

능서불택필(能書不擇筆)

能(능) 능하다
書(서) 글씨
不(불) 아니다
擇(택) 가릴
筆(필) 붓

이 고사성어는 글씨를 잘 쓰는 사람은 붓을 가리지 않는다는 뜻을 가진 말인데, 참된 기능을 가진 사람은 그 기구를 탓하지 않는다는 뜻으로 쓰이고 있습니다.

당나라에는 서도에 통달한 우세남, 저수량, 안진경, 구양순 등이 있었습니다.
그들 중에서 가장 유명한 서도가는 바로 구양순이었습니다.
그의 서체를 일컬어 사람들은 솔경체라고 했는데, 그 글씨의 힘 있는 기세는 스승인 왕의지의 글씨를 거뜬히 능가할 정도였다고 합니다.
당시 구양순에 대한 이야기에는 다음과 같은 대목이 나와 있습니다.
좋은 붓과 먹이 없으면 도무지 글씨를 쓰지 않는 저수량이 어느

날 우세남에게 물었습니다.

"내 글씨와 순의 글씨 가운데 어느 것이 더 훌륭한가?"

"순으로 말할 것 같으면 어떤 종이나 붓이 있어도 기꺼이 글씨를 쓰는 사람일세.

하지만 자네는 여전히 붓이나, 먹, 종이 등에 연연하고 있으니 어찌 순을 따를 수 있겠나."

그러자 저수량은 대답할 말을 찾아내지 못했다고 합니다.

노마지지(老馬之智)

늙은 말의 지혜라는 뜻으로, 늙어서 쓸모없게 된 말에게도 여러 사람에게 도움이 될 만한 지혜가 있다는 말입니다. 즉, 아무리 하찮은 사람이라도 각각 장점과 특징을 가지고 있다는 뜻입니다.

노파심(老婆心)

나이 많은 사람들은 오랜 경험에서 여러 가지 경우에 대비하여 신경을 쓴다는 말이므로, 어떤 일에 대해 필요 이상으로 걱정하는 것을 일컫는 말입니다.

농가성진(弄假成眞)

장난으로 한 것이 참으로 한 결과가 되었다는 뜻입니다.

누란지위(累卵之危)

알을 쌓아 놓으면 굴러떨어져 깨어지듯이 보기에 매우 위태로운 상태를 말합니다.

능소능대(能小能大)

모든 일을 그때 그때 잘 처리한다.

다기망양(多岐亡羊)

多(다) 많다
岐(기) 갈랫길
亡(망) 망할, 없을
羊(양) 양

이 고사성어는 도망친 양을 쫓아가던 사람이 여러 갈래의 길 때문에 그 양을 놓치고 말았다는 말인데, 학문도 여러 갈래로 나눠져 있어 진리를 알기 어렵다는 뜻으로 쓰이고 있습니다.

양자와 이웃에 사는 사람이 양을 한 마리 잃었는데, 주인은 많은 사람들을 이끌고 양을 뒤쫓아가려고 했습니다. 그 광경을 본 양자가 이상히 여기며, "양을 한 마리만 잃었는데 어찌 그리 많은 사람이 필요한가?" 하고 묻자 주인이 대답했습니다.

"갈림길이 여러 갈래로 나있기 때문입니다."

이윽고 주인이 돌아왔을 때 양자가 양을 붙잡았느냐고 물었습니다.

"붙잡지 못했습니다."

"어째서 그렇게 되었나?"

　"갈림길이 있었고 거기서 다시 갈라지는 길들이 있어서 그만 잃어 버리고 말았습니다."

　그 말을 들은 양자는 매우 울적한 기분이 되어 그날 하루종일 그는 웃지도 않았으며 누구에게 말조차 전혀 하지 않았습니다.

　그러자 그것을 본 제자들이 물었습니다.

　"양으로 말할 것 같으면 보잘 것 없는 가축입니다. 더구나 선생님이 소유하시던 양도 아닌데 어째서 그토록이나 울적해 하십니까?"

　양자는 갈림길 속에서 양을 찾는 것도 어려운데 무수한 갈래로 나눠진 학문에서 진리를 찾는 것은 더욱 어렵기 때문이다.라고 하였습니다.

　즉, 다기망양이란 학문을 닦고자 할 때 그 길이 너무 여러 갈래이기 때문에 진리를 터득하기가 매우 어렵다는 뜻을 가진 말인 것입니다. 그런데 이 말이 선택해야 될 길이 너무나 많기 때문에 과연 어떤 길을 가야 할 것인지 분간할 수 없을 때에도 자주 사용되고 있습니다.

다다익선(多多益善)

多(다) 많을
多(다) 많을
益(익) 더할
善(선) 착할

"많으면 많을 수록 더 좋다."라는 이 말이 나오게 된 것은 한나라의 고조(高祖)가 천하를 통일한 다음부터였습니다.

당시 초나라의 왕인 한신에게 반란의 눈치가 있다고 하여 곧 붙잡아다 왕위를 박탈했습니다. 그런 뒤에 회음후(淮陰侯)로 좌천시켜서 도읍에 머물러 있도록 했습니다.

어느 날 고조가 한신과 함께 다른 장군들의 능력에 대해 이야기를 나누던 중 문득, "나는 얼마만큼이나 되는 군대를 지휘하는 장군이 될 수 있을 것 같은가?" 하고 물었습니다.

"폐하께서는 십만 명 정도의 군대를 지휘하시면 될 것입니다."

한신의 대답이었습니다.

"그렇다면 그대는?"

"저는 다다익선입니다."

"다다익선?"

고조는 웃으면서 다시 물었습니다.

"그렇다면 다다익선이라는 그대가 어찌 10만 명을 이끄는 장군에 불과한 나에게 포로의 몸이 되었지?"

"그것은 별다른 문제입니다."

"무슨 뜻인가?"

"폐하께서는 장군 노릇을 제대로 하실 수 없으나 장군들 중의 장군이라는 면에 있어서는 아주 훌륭하십니다. 제가 폐하에게 포로가 된 이유는 바로 거기에 있습니다."

한신은 계속해서 말했습니다.

"더구나 폐하의 장군을 통솔하는 능력은 하늘이 주신 재능이기 때문에 사람의 입으로는 도저히 말할 수가 없습니다."

이것은 『한서(漢書)』의 〈한신전(韓信傳)〉에 나오는 내용입니다.

단기지교(斷機之敎)

斷(단) 끊다
機(기) 기계, 틀
之(지) 갈
敎(교) 가르치다

이 고사성어는 맹자 어머니의 맹모삼천지교와 함께 널리 알려진 말입니다.

가난한 선비의 집안에서 태어난 맹자는 아버지를 일찍 여의고 편모슬하에서 자라게 되었습니다. 처음에 그의 집은 공동묘지와 가까운 곳에 있었습니다.

어린 맹자는 매일처럼 보고 들은대로 했습니다. 소리내어 곡을 하는가 하면 관을 묶는 인부들의 흉내를 내면서 놀았습니다.

'이런 곳에서는 아들을 기를 수가 없겠구나.' 그리하여 시장 근처로 이사를 가게 되었습니다. 그러자 이번에도 어린 맹자는 금방 장사꾼처럼 소리치며 물건 파는 흉내를 내는 것이었습니다.

'여기서도 아들을 올바로 기를 수가 없겠다.'

세 번째로 맹자가 이사 간 곳은 학당이 있는 근방이었습니다.

맹자는 이번에도 학당에서 하는 것을 그대로 배우며 행했습니다.

　제단을 만들어 제물을 차려놓은 뒤에 예절에 맞도록 읍하는 흉내를 내며 노는 것이었습니다.

　'여기가 바로 아들을 키울 만한 곳이로구나!'

　그리하여 그 곳에서 계속 살게 되었는데, 그것이 바로 맹모삼천지교라고 불리우는 일입니다.

　또한 어린 시절에 유학차 나가 있던 맹자가 어느 날 집으로 돌아와 버렸습니다. 그때 어머니는 베를 짜는 중이었습니다.

　"네 공부가 지금은 얼마나 정진되었느냐?"

　"아직은 전과 같습니다."

　그 말을 들은 어머니는 짜고 있던 베를 칼로 쭉 찢어버렸습니다. 깜짝 놀란 맹자는 겁먹은 듯이, 조심스럽게 물었습니다.

　"어찌하여 베를 끊으시옵니까?"

　"네 학문이 변하지 않았는데 베는 짜서 뭣하겠느냐. 군자란 모름지기 학문을 닦아 명성을 얻되 모르는 것은 물어서 지식을 넓혀야 하는 것이다."

　맹자가 학문을 그만 두고 집으로 돌아온 것은 생계를 유지하기 위해서 짜던 베를 끊어버리는 것과 마찬가지라는 가르침이었습니다.

　"여자가 생계의 방편이던 베짜기를 단념하고 남자가 덕을 닦다가 중도에서 그만 둔다면, 도둑이 되거나 살아가기 위해서 남의 심부름꾼이 될 수 밖에 없느니라."

　그러자 맹자는 크게 뉘우친 바 있어 조석으로 열심히 학문을 닦

게되었으며 거기에서 그치지 않고 공자의 손자인 자사를 스승으
로 섬기게 되었습니다.

그리하여 드디어는 천하의 맹자가 되었는데, 그것이 바로 맹자
모친의 "단기지교"라는 것입니다.

단장(斷腸)

斷(단) 끊다
腸(장) 창자

『세설신어(世說新語)』의 〈출면편(點免篇)〉에 보면 다음과 같은
내용의 이야기가 나와 있습니다.

환온(桓溫)이 촉나라로 향하던 도중에 배를 타고 삼협(三峽)을 가
게 되었는데, 일행 가운데 한 사람이 새끼원숭이를 붙잡았습니다.
그러자 어미원숭이가 새끼를 그리워하며 백여 리나 언덕을 달
리며 따라오면서 슬프게 울더니 드디어 배 위로 뛰어올랐습니다.
그러나 배 위로 오르자마자 곧 숨이 끊어지고 말았는데 사람들
이 원숭이의 배를 갈라보니 창자가 마디마디 끊어져 있었습니다.
그러자 화가 난 환온은 새끼원숭이를 붙잡은 사람을 당장 내쫓아
버리고 말았다고 합니다.
그래서 단장은 창자가 끊어지듯이 견딜 수 없이 마음이 슬플 때
사용되는 말입니다.

당랑박선(螳螂搏蟬)

螳(당) 사마귀
螂(랑) 사마귀
搏(박) 잡다
蟬(선) 매미

사마귀가 매미를 잡으려고 엿보고 있지만 그 사마귀는 뒤에서 까치가 노리고 있음을 모른다는 말. 눈앞의 이익을 탐하다가 눈이 어두워져 바로 뒤에 닥칠 재앙을 알지 못한다는 뜻입니다.

어느 날 장자가 사냥을 즐기고 있는데 남쪽에서 큰 까치 한 마리가 날아오더니 장자의 이마를 스치고 지나가면서 근처 밤나무 숲에 앉았습니다. 이상하게 생긴 그 까치는 날개의 길이가 일곱 자, 눈 둘레는 한 치나 되었습니다.

까치를 한참동안 바라보던 장자는 혼자 생각했습니다.

'저 놈은 분명히 까치같아 보이는데 저렇게 넓은 날개를 가지고도 왜 높이 날지 못하고 겨우 밤나무 숲에나 앉고 저렇게 큰 눈을 가지고도 어째서 사람의 이마를 스칠 정도로 잘 보지 못할까.'

고개를 갸웃거리던 장자는 옷깃을 걷어올리고 재빨리 까치를 향해 화살을 겨누었습니다. 그런데 까치 주변을 살피던 장자의 눈에 실로 기이(畸異)한 광경이 들어왔습니다.

자기가 겨누고 있는 까치는 풀잎의 사마귀를 노리고 있고 '사마귀는 또 나무 그늘에서 세상 모르고 맴맴 울어대는 매미를 노리고 있는 게 아닌가(당랑박선 螳螂搏蟬).' 모두 자기가 노리는 사냥감에 정신을 빼앗겨 자기 몸의 위험에는 전혀 신경을 쓰지 않고 있었던 것입니다.

"이(利)를 추구하는 자는 해(害)를 불러 들이는구나." 장자는 이렇게 중얼거리며 활과 화살을 팽개치고 도망치듯 그곳을 빠져나왔습니다. 그러나 그때 뒤쫓아 온 밤나무 숲을 지키는 사람에게 붙잡힌 장자는 밤도둑으로 몰려 심한 욕설을 들어야 했습니다. 까치를 겨누었던 장자도 자기 뒤에서 자기를 노린 밤나무지기가 있었던 것을 몰랐던 것입니다.

그 일이 있은 뒤 3개월 동안 장자는 자기 방에 틀어박힌 채 뜰에도 나오지 않았다고 합니다.

대기만성(大器晩成)

大(대) 큰
器(기) 그릇
晩(만) 늦다
成(성) 이룰

　이것은 특히 현대인들이 많이 사용하는 말로서, 큰 인물은 쉽게 이루어지는 것이 아니다라는 의미로 사용되는 고사성어입니다.
　또한 오랜 기다림 끝에 성공하는 것을 이르는 말이기도 합니다. 이것과 관련하여 노자(老子) 제41장에서 말한 다음과 같은 내용이 있습니다.

　'밝은 도는 어두운 것 같고, 나아가는 도는 물러서는 듯하며, 평탄한 도는 험하게 보인다. 가장 높은 덕은 골짜기와 같고, 너무 흰 것은 더럽게 보이며, 변함이 없는 덕은 변하는 것 같고, 커다란 미모에는 구석이 없다.
　큰 그릇은 늦게 이루어지고(대기만성 大器晩成), 큰 소리는 소리가 없으며, 큰 형상은 형상이 없다. 도(道) 역시 숨겨져 있기 때문에 이름이 없다. 대저 도(道)는 오직 잘 빌려주어 또 이를 이루

게 된다.'

　또한 삼국지의 최염편에는 최염의 사촌 동생 임(林)이 명망이 없어 업신여김을 받으나 최염은 그의 인물됨을 알아보고 "큰 종이나 솥이 쉽게 만들어지지 않듯 큰 인재도 이와 마찬가지다. 임이 후에 반드시 큰 인물이 될 것이다."라고 말했는데 정말로 훗날 임은 삼공이 되어 천자를 보필하였다고 합니다.

대동소이(大同小異)

大(대) 큰
同(동) 한가지
小(소) 작을
異(이) 다르다

　이것은 글자의 뜻처럼 크게는 같지만 작게는 다르다는 뜻으로 대개는 같고 차이가 거의 없다는 의미입니다.
　장자(莊子)는 『천하편(天下篇)』에서 묵가와 법가 등의 학설을 비판하며 도가사상(道家思想)을 선양했습니다. 장자는 친구인 혜시의 말을 인용하기도 하였는데 다음과 같은 글이 있습니다.

　하늘은 땅처럼 낮고, 산도 연못같이 편편하다.
　해는 장차 중천에 뜨지만 더 지나면 기울게 되고
　만물은 장차 태어나지만 이윽고 죽어버리고 만다.
　크게 보면 한 가지이다. 그러나 작게 보면 모두가 다르다.
　이것을 소동이(小同異)라고 한다.
　만물은 같기도 하고 다르기도 하니
　이것을 대동이(大同異)라고 한다.

대동소이란 바로 여기에서 비롯된 비유어인 것입니다.

대의멸친(大義滅親)

大(대) 큰
義(의) 의리
滅(멸) 멸하다
親(친) 친할

대의멸친이란 『춘추좌씨전』에서 유래된 말입니다.

중국의 위나라에서 주우가 반란을 일으켜 원래 왕인 환공을 죽이고 왕위를 빼앗았습니다.

그런데 석작이라는 충신은 일찍이 주우가 반란을 일으킬 것이란 사실을 알고 자기 아들인 후가 주우와 친하게 지내지 못하도록 했습니다.

그러나 석작의 아들 후는 아버지의 충고를 무시하고 반란을 일으켜 왕이 된 주우와 가깝게 지냈습니다. 하지만 백성의 인정을 받지 못하자 후는 자기 아버지 석작을 찾아가 어떻게 하면 주우가 백성의 인정을 받을 수 있겠느냐고 물었습니다.

그러자 아버지는 태연하게 진나라 환공에게 이야기해서 주나라 천자에게 왕으로서 승인을 받게 해달라고 부탁을 하면 백성들로

부터 인정을 받게 될 것이라고 말했습니다.

　이 말을 들은 주우와 후는 진나라로 길을 떠났습니다. 그 사이에 후의 아버지 석작은 진나라로 사람을 보내어 두 사람은 반역자니 처치해 달라는 서신을 보냈습니다. 그래서 후와 주우는 진나라 환공에게 처형을 당하게 되었습니다.

　결국 석작은 나라를 위해 자기 자식을 처형시켰던 것입니다. 이와 같이 대의를 위해 친족까지도 죽이는 경우를 대의멸친이라 합니다.

도불습유(道不拾遺)

道(도) 길
不(불) 아니다
拾(습) 열, 줍는다
遺(유) 잃어버린다, 남는다

이것은 길에 어떤 물건이 떨어져 있는 것을 본다고 해도 주워가지 않는다는 뜻으로 사용되는 말입니다.

중국 최초의 성문법(成文法)인 형법을 궁중의 가마솥에 쩌서 공포한 것은 정나라의 자산(子産)입니다. BC536년의 일입니다.

그는 살기가 어려운 사람들을 이롭게 해 주는 반면 귀족의 특권을 크게 삭감시켜 군주에 의한 통일통치에 접근시켰습니다. 신분의 차별에 있어서도 꼭 필요한 한도 내에서만 허락하고 적재적소에 관리를 임용하도록 했습니다.

또한 그와 같은 서정쇄신에 반대하는 사람들에게는 종래의 관례를 폐지토록 하고 임금 이하 서민에 이르기까지 모두 법을 준수하도록 했습니다.

"특권층의 귀족에 대해서는 서민에게 강제로 벌 주는 것을 허용하지 않고, 서민에 대해서는 귀족에게 강제로 바쳐야 되는 예절을 허용하지 않는다."

그리하여 자산이 5년에 걸쳐 정사를 다스리자 나라에 도둑이 없어지고, 길에 물건이 떨어져도 주워가지 않았습니다(도불습유 道不拾遺). 복숭아와 대추가 길을 덮도록 떨어져도 따는 자가 없고, 송곳과 칼이 땅에 떨어져 있으면 사흘 뒤에 주인에게로 돌아왔습니다. 그렇게 3년이 지나니 굶주리는 백성이 하나도 없게 되었습니다.

바로 여기에서 도불습유라는 말이 나오게 되었는데, 나라가 잘 다스려졌기 때문에 태평하고 풍부한 세상이 되었다는 뜻을 가진 말입니다.

도원결의(桃園結義)

桃(도) 복숭아
園(원) 동산
結(결) 맺는다
義(의) 의리, 옳을

　유비와 관우와 장비가 도원에서 의로써 형제가 됐다는 이야기에서 나온 말로 의형제를 맺거나 서로 마음을 합칠 것을 맹세할 때 사용되는 고사성어입니다.

　너무나 유명한 일화여서 웬만한 사람은 다 알고 있는 고사이지만 실은 이 장면은 순전히 나관중의 창작으로 진수의 정사에는 없는 얘기입니다.

　잠시 나관중이 쓴 『삼국지연의』의 대목을 훑어볼까요.

　의용군을 모집한다는 방문이 높이 붙은 팻말 앞에 서서 한 사나이가 한숨을 쉬고 있었다. 유주(幽州) 탁군탁현에서의 일이다. 이 사나이는 신장이 7척5촌 (약175.5cm). 손이 무릎 밑에 닿을 정도로 팔이 길고 자기 눈으로 보일 만큼 귀가 크고 말수가 적으며 희노애락을 일체 얼굴에 드러내지 않는 사람이었다. 생김새부터가

유별나 눈에 띠었는데 그가 팻말 앞을 떠나려하자 웬 젊은이가 그를 불렀다.

"대장부가 나라를 위해 힘을 낼 생각은 않고 왜 한숨만 쉬고 있단 말이오?"

바라보니 나이는 고작 20이나 되었을까. 신장이 8척이오 표범의 머리, 고리 눈에 제비 턱, 범의 수염으로 목소리는 우레 같고 기세는 마치 닫는 말과 같았다.

"나는 한왕실의 후예로 의용군에 가담하고 싶으나 워낙 힘이 부치니…… 그래서 한탄을 한거요."

그러자 그가 말했다.

"나는 장비라는 사람으로 자는 익덕이오. 대대로 이 고장에서 살며 돼지 잡고 술 팔아 지내오고 있거니와 본래 천하 호걸들과 사귀기를 좋아하는 터에 그대가 방문을 보고 한숨을 짓기에 말을 걸어본 거요. 공에게 그런 뜻이 있다면 내게 다소의 자금이 있으니 그것으로 고을의 뜻있는 젊은이들을 모아 함께 큰 일을 도모해 보면 어떻겠소."

이리하여 둘은 그 자리에서 의기투합하여 가까운 주막으로들어가 대작을 시작했다.

그들이 앞 일을 의논하며 몇 잔 술을 나누는데 수레 한 채가 주막 앞에 서더니 한 사나이가 수레에서 내려 술집으로 들어오며 외쳤다.

"나 술 한잔 빨리 주구려. 의병모집 방문을 보고 지금 성으로 가는 길이라 급하오."

유비와 장비가 그 소리에 놀라 바라보니 수염이 두 자는 되어 보이고 얼굴은 무르익은 대춧빛이오 입술은 연지를 칠한 듯이 붉고 봉(鳳)의 눈을 한 늠름한 대장부였다. 현덕이 그에게 말을 건냈다.

사나이가 대답했다.

"내 이름은 관우, 자는 운장이라 하오. 본래 하동군 해량현 사람인데 고향에서 못된 짓을 골라하는 토호 한 놈을 때려죽이고 피신해서 각처를 떠돌아 다니는 중이오. 벌써 5~6년쯤 됐소이다."

"아까 주모한테 하는 소리를 들으니 의용군에 참가하겠다고 했는데 우리도 지금 그러려고 하는 참이니 합세함이 어떻겠소?"

"두 말할 여부가 있겠소이까."

이리하여 세 사람은 다음 날 장비의 집 뒤뜰, 복사꽃이 만발한 도원에서 검정소(黑牛). 흰말(白馬)을 위시한 갖은 제물을 장만하여 제단을 만들고 향을 태워 하늘에 맹세했다.

"우리 셋은 성은 다르되 이미 형제가 되었으니 힘을 합쳐 위로는 나라에 보답하고 아래로는 만백성을 편안케 하리이다. 같은 해, 같은 달, 같은 날 태어나지는 않았지만 바라건대 같은 해, 같은 달, 같은 날 죽으리로다."

이들은 이렇게 맺어진 의를 끝까지 지켜 유종의 미를 거두는데 세 사람 모두 하자가 많은 인품이면서도 그들의 사이는 오늘날까지 칭송되고 있습니다.

도탄지고(塗炭之苦)

塗(도) 진흙, 바르다
炭(탄) 숯, 불길
之(지) 갈
苦(고) 쓸

도탄지고는 『서경(書經)』 〈상서(商書)〉의 「중훼(仲虺)의 고함」이란 글에서 나온 말입니다.

은나라의 탕왕은 하나라의 걸왕을 내쫓고 천자가 되었습니다. 하지만 탕왕은 무력으로 왕위를 차지했기 때문에 그것을 항상 부끄럽게 생각하고 있었습니다.

이를 알게 된 좌상 벼슬자리에 있던 중훼가 탕왕에게 글을 써서 보냈는데 그것이 〈중훼지고〉입니다. 그 내용은 다음과 같습니다.

"하늘은 사람을 만들었으나 사람에게 욕심이 있다. 이 욕심을 억누르고 바른 길로 인도하는 지도자가 없으면 혼란이 생기기 마련인데 하늘은 또한 이 혼란을 막을 사람도 만드셨다. 그래서 덕이 없어 백성을 도탄에 빠뜨린 걸왕을 물리치고 나라를 제대로 다스릴 수 있는 탕왕이 나라를 맡게 했다."

이 글은 탕왕을 크게 위로했다고 하는데 도탄은 진흙과 숯불이며 도탄지고는 진흙에 빠지고 숯불에 타는 듯한 고통으로 타락한 정치 때문에 백성들이 받는 고통을 의미합니다.

독서망양(讀書亡羊)

讀(독) 읽다
書(서) 글
亡(망) 망할, 없을
羊(양) 양

이 고사성어는 어떤 일에 정신을 온통 빼앗기다가 정작 중요한 일을 빠뜨리는 것을 비유해서 사용하는 말입니다.

『장자(莊子)』의 〈변모편〉에 다음과 같은 이야기가 있습니다.

어떤 집에서 장과 곡이라는 두 사람이 함께 양을 치고 있었는데, 어느 날 그들은 똑같이 양을 잃어버리게 되었습니다.

"어떤 일을 하다가 양을 잃어버렸느냐?"

"댓가지를 옆에 낀 채 글을 읽고 있었습니다."

다시 곡에게도 같은 질문을 했습니다.

"주사위놀이를 하고 있었습니다."

결과적으로 볼 때 두 사람이 하고 있던 일은 각각 달랐지만 하던 일에 정신이 팔려서 양을 잃어버린 것만은 둘이 모두 똑같았습니다.

이 이야기에서 장은 하인을 가리키고 곡은 하녀를 의미하는 것입니다.

또한 바로 이 글에서 "책을 읽다가 양을 잃어버렸다는" 말이 나오게 되었습니다.

그리고 이 말은 나아가 다른 뜻으로 비유되기도 했습니다.

"마음이 밖에 있다 보니 도리를 잃어버린다."
"다른 일에 정신을 뺏겨 중요한 일을 소홀히 하게 된다."

이와 같은 뜻으로 독서망양이라는 말이 사용되는 것입니다.

동가홍상(同價紅裳)

同(동) 같다
價(가) 값
紅(홍) 붉다
裳(상) 치마

동가홍상은 『송남잡지(松南雜識)』, 〈동언고략(東言考略)〉에 나오는 말로 같은 값이면 다홍치마와 같은 뜻입니다.

같은 조건 하에서 자신이 취할 수 있는 이익을 최대한으로 누리고자 할 때 쓰는 것으로 그것은 인간의 본성일지도 모릅니다.

사람이라면 누구에게나 욕심이 있습니다.

하나를 가지면 두 개를 갖고 싶고 두 개를 가지면 또 더 많이 갖고 싶은데, 하물며 똑같은 조건 하에서라면 더 나은 것, 더 많은 것을 가지려고 하는 것은 당연한 일일 것입니다.

동공이곡(同工異曲)

同(동) 한가지
工(공) 장인
異(이) 다르다
曲(곡) 굽을

같은 악공이라도 곡조를 달리한다는 뜻으로 이 말은 한유(韓愈
=768년)의 〈진학해(進學解)〉에 나옵니다.

복고문(復古文)을 주장하는 중당(中唐)의 대문호인 한유의 글은
고문진보나 당송팔가문(唐宋八家文) 등에 수록되어 있습니다.

국자선생인 한유는 일찍부터 대학에 나가서 학생들을 가르쳤습
니다.

"설령 벼슬을 하지 못하게 된다고 해도 관직의 불공평에 대해서
말하는 것은 옳지 않다. 또한 원인이 자신의 학업 불충분에 있음
을 깨닫고 한층 더 노력하는 것이 가장 중요하다."

한유는 국자사문박사(國子四門博士)에 임명되었는데, 그로부터
9년동안 여러 관직을 옮겨다니다가 다시 사문박사에 임명되었던
것입니다.

물론 그 사문박사라는 벼슬자리가 매우 하찮은 것이었기 때문에 그 스스로 자신을 위로해 가며 살아가고 있었습니다. 그러나 한유의 문장은 뛰어나서 사람들로부터 존경을 받았는데 동공이곡이곡이라는 말은 한 학생의 한유의 문장에 대한 찬사의 글에서 나옵니다.

"시가 올바르고 빛나는 것은 아래로 장자와 굴원의 미소에 미치고, 태사(太史)에 기록된 바에 의하면 양웅(揚雄)과 사마상여(司馬相如)는 공정은 같으나 곡(曲)을 달리하고 있다고 했는데 선생의 글을 보면 가운데를 가리고 그 밖을 마음대로 한다고 말할 수 있다."

이처럼 같은 방법으로 시를 지어도 그 흥취가 다르다는 동공이곡은 그 의미가 많이 변형되어 방법은 같아도 결과가 다르다, 표현은 달라도 내용은 같다, 라는 의미로도 사용되고 있습니다.

동병상련(同病相憐)

同(동) 한가지
病(병) 병
相(상) 서로
憐(련) 불쌍히 여긴다

　같은 병을 가진 사람끼리 서로 가엽게 여긴다는 뜻으로 어려운 사람끼리 서로 돕고 불쌍히 여긴다는 의미의 동병상련은 『오월춘추(吳越春秋)』에 실린 고사성어입니다.

　중국 춘추전국시대의 초나라 사람인 오자서는 역적의 누명을 쓰고 아버지와 형을 잃게 되자 초나라를 버리고 오나라로 망명했습니다.
　오나라로 간 오자서는 오나라의 공자인 광을 도와 왕위에 오르게 했습니다. 이 무렵 초나라 사람인 백비가 오자서를 찾아왔습니다. 그 역시 역적의 누명으로 아버지를 잃고 오나라로 망명을 온 사람이었습니다. 오자서는 백비를 왕에게 천거하여 대부라는 벼슬에 오르게 하였습니다. 그러자 대부 벼슬이던 피리가 오자서에게 물었습니다.
　"당신은 어찌하여 처음 본 사람을 무조건 믿고 나와 같은 벼슬을 주는 것입니까? 나는 오랜 노력 끝에 대부의 벼슬에 올랐는

데요."

그러자 오자서는 담담하게 이렇게 말했습니다.

"백비는 나처럼 초나라에서 아버지를 잃었습니다. 처지가 비슷한 사람이 누구보다 이해를 잘 하는 법이지요."

동호직필(董狐直筆)

董(동) 바르다, 감독
狐(호) 여우, 의심하다
直(직) 곧다
筆(필) 붓

춘추시대 때 진(晉)나라 진령공(晉靈公:기원전 4세기)시절에 동호(董狐)라는 태사가 있었습니다.

그가 권력에 굴복하지 않고 사실을 사실대로 기록함으로써 〈동호직필〉이라는 유명한 고사를 남겨 놓게 되었습니다. 그 유래는 다음과 같습니다.

진령공은 황음무도한 임금이었습니다. 얼마나 포악했던지 백성들은 오랫동안 고통을 받아 원한이 골수에 사무쳐서 진령공이 피살됐다는 소식을 듣자 오히려 통쾌해 했습니다.

진령공은 승상 조둔이 자기의 옳지 못한 처사를 들어 충간하는 것이 늘 귀찮았습니다. 그렇다고 그를 파면시킬 만한 아무런 명분도 없었습니다.

그래서 비겁하게 간신 도안가와 짜고서 여러 번 조둔을 죽이려

했으나 그때마다 실패했습니다.

애가 닳은 진령공은 다시 도안가와 흉계를 짜고서 벽에 무장한 장사들을 숨기고 조둔을 저녁 식사에 초대했습니다.

술이 세 순배 돌았을 때, 진령공이 조둔에게 허리에 찬 칼을 구경시켜 달라고 했습니다. 조둔은 진령공의 흉계를 모르고 칼을 뽑으려고 했습니다.

그러자 당하에 서 있던 제미명이 황급하게 말했습니다.

신하가 임금을 모시고 겨우 석 잔 술밖에 마시지 않았는데 어찌 임금 앞에서 칼을 뽑으시냐고, 조둔은 그 말의 뜻을 이내 알아차렸습니다.

'조둔이 임금 앞에서 칼을 뽑았다' 하고 죄를 뒤집어 씌우면 영락없이 죽게 되는 흉계였음을 알았던 것입니다.

제미명은 단숨에 당 위로 뛰어 올라가 조둔을 부축해 모시고 층계를 내려왔습니다.

바로 이때, 도안가는 몹시 사나운 개를 풀어서 조둔을 물어뜯게 하고 진령공은 벽에 숨겨 둔 장사들에게 조둔을 쳐 죽이라고 소리소리 지르며 날뛰었습니다.

제미명은 우선 달려드는 개의 머리부터 후려갈겨 목졸라 죽이고, 쏟아져 나오는 장사들을 자기 몸으로 막으면서 조둔더러 속히 피하라고 했습니다.

제미명은 혼자서 장사들과 싸우다가 죽었으며, 조둔은 도성을 빠져나가 정처 없이 도망갔습니다.

가던도중에 조카인 조천을 만나 급한 사유를 말했더니, 조천은 숙부인 조둔을 보고 자기가 도성에 가서 알아 보고 올테니 국경을 넘지 말고 기다리라고 했습니다.

그래서 조둔이 수양산에 가서 몸을 피하고 있는 동안 조천은 자기 부하들을 거느리고 도성에 가서 마침내 묘한 꾀로 진령공을 죽였습니다.

진령공의 뒤를 이어 진성공이 즉위하고 나라 안이 평정되자 조둔은 사관에 가서 태사 동호에게 진령공의 기록을 보여달라고 했습니다.

조둔은 그 기록을 보고 깜짝 놀랐습니다. "조둔이 임금을 죽이다."라고 돼 있었기 때문입니다.

조둔은 태사 동호에게 자기는 그때 도성에서 2백리나 떨어진 곳에 있었는데 어째서 그 허물을 내게 씌우느냐고 따졌습니다. 그러자 동호는 말했습니다.

"그대는 승상의 몸으로서 비록 달아나기는 했지만 국경을 넘어가지도 않았을 뿐 아니라 임금을 죽인자를 찾아내어 그 죄를 벌하지도 않았소. 그러니 그 책임을 승상이 지지 않으면 누가 지겠소."

승상 조둔이 고칠 수 없겠냐고 묻자 그는 대답했습니다.

"옳고 그른 것을 그대로 쓰는 것이 사관의 직책이오. 그러기에 임금도 사관의 기록에 대해서 간섭을 못하는 법이오. 승상은 내 머리를 벨수는 있어도 이 기록만은 고치지 못하오."

그러자 조둔은 이렇게 탄식했습니다.

"슬프다. 사관의 권력이 승상보다 더 크구나. 내 그때 나라 일이 걱정되어 국경을 넘지 않고 돌아왔다가 만세에 누명을 쓰게 됐구나.”

『춘추좌전(春秋左傳)』에 보면 공자가 이렇게 말했습니다.

“동호는 옛날의 훌륭한 사관이다. 법대로 써서 조둔이 죄인임을 숨기지 않았다. 조선자(趙宣子:조둔)는 옛날의 훌륭한 대부였다. 법을 위해 악명을 달게 받았다. 아깝다. 그가 국경을 넘어가기만 했더라면 죄명을 피할 수 있었을 것이다.”

그로부터 약4백년 후 한(漢)나라에 이르러 사관의 지위는 과거의 영예를 잃어, 그저 천문역법(天文曆法)정도나 취급하는 기술직에 불과 했다고 합니다.

비운의 사가 사마천이 이 세상을 다녀간 때가 바로 이 시대였습니다.

그는 선친의 유지를 받들어 고금에 걸친 통사(通史)를 완성해야 했기 때문에 죽고 싶어도 죽을 수가 없었습니다. 궁형(宮刑)의 치욕을 무릅쓰고 필생의 사업으로 펴낸 불멸의 대작이 바로 저 위대하고 장엄한 역사책인 『사기(史記)』입니다.

『십팔사략(十八史略)』에 이런 말이 있습니다.

“아무도 모르리라고 생각하면 안 된다. 먼저 하늘이 알고 땅이 알고 너도 알고 나도 알고 있다.”

두문불출(杜門不出)

杜(두) 막는다
門(문) 문
不(불) 아닐
出(출) 나가다

　이성계가 역성혁명으로 고려를 멸망시키자 고려의 유신 72명이 새 왕조를 거부하고 경기도 두문동에 깊숙히 들어가 나오지 않는 데서 유래한 말로 문을 닫은 채 출입을 일체 하지 않는다는 뜻으로 사용되는 말입니다.

　다시 말해서 항상 집안에만 있으며, 밖에서 어떤 일이 벌어지거나 상관하지 않는다는 뜻입니다.

등용문(登龍門)

登(등) 오르다
龍(용) 용
門(문) 문

등용문은 용문에 오른다는 뜻으로 높은 사람에게서 인정을 받거나 힘든 과정을 거쳐 정상에 이르는 경우에 사용됩니다.

용문이란 황하의 상류에 위치한 골짜기의 이름인데 근처는 심한 급류이기 때문에 보통의 물고기는 올라가지 못한다고 합니다. 따라서 큰 강이나 바다에서 사는 물고기들이 이 용문 아래쪽에서 수 천마리가 떼지어 다니면서도 웬만해서는 용문으로 올라가지 못하고 방황할 뿐이라고 합니다. 하지만 일단 용문에 올라가기만 하면 그 물고기는 즉시 용으로 변할 수 있다는 전설이 있습니다. 그런데 후한서(後漢書)의 〈이응전〉에 보면 다음과 같은 이야기가 있습니다.

"선비들은 이응의 얼굴을 대하게 되는 사람이 있으면 그것을 두고 등용문이라고 말하였다."

이응이 살던 시기는 후한말(後漢末) 환제(桓帝)의 시대로 환관들의 횡포가 심했는데, 정의를 지키는 일부 관료들이 환관들의 횡포에 강력히 대항하여 결국 당고지화를 당하였습니다. 그런데 정의파 관료들을 선도한 인물이 바로 이응이었습니다. 그는 기강이 말할 수 없을 정도로 퇴락한 궁궐 안에서 유일하게 정통적인 가르침을 지키는 인물이었고 자연스럽게 그에 대한 명성은 점차로 높아지게 되었으며 드디어는 천하의 모범은 이응이라는 칭송을 받게 되었습니다. 그래서 젊은 관료들은 그에게 인정을 받는 것을 일컬어 등용문이라고 칭하며 커다란 명예로 생각한 것입니다.

그러나 현대에서 등용문은 입신출세의 관문이라는 뜻으로 많이 사용되고 있습니다.

당랑거철(螳螂拒轍)

제(濟)나라 장공(莊公)이 사냥을 나가는데 사마귀가 앞발을 들고 수레바퀴를 멈추려 했다는 이야기에서 나온 말로서, 제 분수도 모르고 자기가 당하지 못할 상대에게 대어드는 것을 일컫는 말입니다.

대공무사(大公無私)

사욕이 전혀 없이 매우 공평하고 바르다는 뜻입니다.

대서특필(大書特筆)

큰 글자를 써서 특별나게 나타낸다는 말이므로 여론화시켜 누구나 알게한다는 뜻입니다.

독불장군(獨不將軍)

혼자서는 장군이 될 수 없다는 말이므로, 저 혼자 잘난 체하며 뽐내다가는 남의 핀잔만 받는다는 뜻입니다.

동량지재(棟梁之材)

집의 기둥이나 대들보가 되는 재목이라는 말로서, 한 집안, 한 사회, 한 나라의 중심 인물이 될 사람이라는 뜻입니다.

동문서답(東問西答)
묻는 말에 대하여 아주 딴 판으로 대답한다는 뜻입니다.

동분서주(東奔西走)
이리 저리 분주히 돌아다니고 여가가 없다는 뜻입니다.

동상이몽(同床異夢)
한 침상에서 자면서 다른 꿈을 꾼다는 말이므로, 같은 일을 하면서도 서로의 생각이나 목적이 아주 다르다는 뜻입니다.

등하불명(燈下不明)
등잔 밑이 어둡다는 말입니다.

등화가친(燈火可親)
날씨가 선선한 가을이 되면 마음이 맑고 상쾌하므로 등불을 가까이 하여 글을 읽기에 알맞다는 뜻으로 가을을 일컫는 말로 쓰입니다.

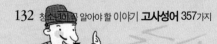

마이동풍(馬耳東風)

馬(마) 말
耳(이) 귀
東(동) 동쪽
風(풍) 바람

이 성어는 쉽게 설명하자면 다른 사람이 하는 말에 대해서 전혀 들은 척도 하지 않는 경우를 표현하는 말입니다.

또한 이 고사성어는 이백(李白)의 시 가운데 장편인 답왕십이한야독작유회(答王十二寒夜獨酌有懷) 중에 나오는 말이기도 합니다.

이 시에서 이백은 다음과 같이 말했습니다.

'간밤에 이 오나라에 눈이 내렸다. 진나라의 왕자유가 한밤중에 갑자기 눈을 떴는데 큰 눈이었기 때문에 방문을 열어놓고 술을 마시게 되었다. 그러는 동안 견딜 수 없이 대안도(戴安道)를 만나고 싶어져 배를 준비했으나 거의 도착할 무렵 그만 다시 돌아오고 말았네.'

그 이유는 흥을 타고 왔다가 흥이 다하여 돌아온 것이지 꼭 안

도를 만나기 위함이 아니기 때문이었다는 것입니다.

　이백은 자기도 역시 흥이 일어났기 때문에 이 시를 쓴다고 하면서 다음과 같이 계속했습니다.

　　'푸른산을 에워싼 뜬구름이 끝없이 이어져 있고,
　　그 하늘 중간에 고독한 달이 흐르고 있네.
　　고독한 달은 지독한 추위 때문에 빛나고,
　　은하수는 맑고 북두칠성은 흩어져 깔려있는데,
　　밤하늘의 많은 별들이 밝게 빛난다.
　　나는 술마시며 밤그늘 서리의 하얀 것을 생각하고,
　　자네집 우물의 구슬난간에 얼음이 언 것을 생각하고,
　　또한 그것처럼 얼어붙은 자네의 마음을 생각했다.
　　아차 하는 순간에 인생은 백 년도 채우지 못한다.
　　자, 술이나 마시며 끝없는 생각을 떨쳐버리게나.
　　자네는 요즘 크게 유행하는 닭싸움을 배워 비책을 생각해내어서,
　　임금의 마음에 들어 어깨를 으스대며 거리를 활보하는 흉내는 낼 수도 없을 걸세.
　　그렇다고 해서 가서한 장군처럼 되어 청해지방(靑海地方)을 걸어다니고,
　　밤에 칼차고 오랑캐의 보루인 석보성(石堡城)을 쳐부수어,
　　큰 국난으로부터 나라를 구해 임금의 측근요직을 가로채는 일도 흉내내지 못할 걸세.
　　우리가 할 수 있는 일이라면,
　　햇빛이 안 쪼이는 북쪽의 창문 안에서 시를 읊거나,
　　부(賦)를 짓는 정도의 일이 고작일 걸세.

만 마디의 말을 지어도 고작 술 한 잔의 가치에도 따르지 못하네.'

그런 뒤에 이백은 계속해서 다음과 같이 읊었습니다.

'세상사람들이 이 이야기를 들으면 모두 머리를 흔들 걸세. 동풍이 말의 귀를 쏘는 것 처럼(세인문차개도두 유여동풍사마이 世人聞此皆掉頭 有如東風射馬耳).'

아무리 좋은 시를 지어도 속물들은 이를 알아주지 않고 동풍이 말의 귀를 쏘는 것처럼 담아 듣지 않고 흘려 버릴 것이라는 뜻입니다. 이백의 이 말이 점차로 광범위하게 뜻을 넓혀가며 여러 측면에서 남의 말을 듣는 척도 안 할 경우에 사용되게 된 것입니다.

막역지우(莫逆之友)

莫(막) 없을
逆(역) 거스릴
之(지) 갈
友(우) 벗

거스르는 일이 없는 친구라는 말로 이 고사성어는 가장 절친한
친구를 뜻하는 말입니다.

장자(莊子)의 『대종사편(大宗師篇)』에 보면 같은 형식으로 쓰여
진 다음의 두 가지 이야기가 나와 있습니다.

자사, 자여, 자리, 자래 등의 네 사람이 서로 다음과 같이 말했
습니다.

"누가 무(無)로 능히 머리를 삼고, 삶으로 등을 삼으며, 죽음으
로 엉덩이를 삼을 것인가? 누가 사생존망(死生存亡)이 한 몸인 것
을 알 것인가! 우리는 모두 가까운 벗이 되자."

네 사람은 마주 보며 웃었다. 그들은 각자의 마음에 아무런 거
스름없는 친구가 되었습니다.

또 한 가지 이야기는 다음과 같은 내용입니다.

자상호, 맹자반, 자금장 등의 세 사람이 다음과 같이 말했습니다.

"누가 서로 함께 행동 하지 않는데도 능히 함께 행동하고, 서로 도움도 주지 않는데 도울 것인가. 누가 하늘에 올라가 안개와 더불어 놀고, 끝없이 날아오르며, 서로 잊음을 삶으로 여겨 드디어 대하는 바가 없을 것인가."

세 사람은 서로 마주보고 웃었고 드디어 이들 세 사람은 서로 마음에 거슬리는 데가 없는 친구가 되었습니다.

그리하여 서로 가장 가까운 친구를 나타내는 말로 막역지우라는 비유어가 생겨나게 되었다고 합니다.

망국지음(亡國之音)

亡(망) 망할
國(국) 나라
之(지) 갈
音(음) 소리

  이 고사성어는 한 나라의 기강과 풍기가 위로는 조정에서부터
아래로는 백성에 이르기까지 더할 수 없도록 문란해져서, 드디어
는 그 나라가 망하게 된다는 뜻으로 사용하는 말입니다.

  예기(禮記)를 보면 음악에 대해 그 의의를 설명한 대목이 나
오는데 음악은 사람들의 마음의 자연적인 발로이며, 또한 사람은
음악을 들음으로써 그것이 행해지는 나라의 정치정세는 물론, 인
심의 소재까지도 파악할 수 있다고 하였습니다.

  그 구절의 내용을 살펴 보면 다음과 같습니다.

  모든 음악은 사람의 마음에서 생겨나게 된다.
  안에서 감정이 움직이기 때문에 소리가 되어 나타난다.
  소리는 글을 이루는데 그것이 바로 음악이다.
  그렇기 때문에 세상을 다스리는 음악이 편안하고 즐거운 것은 그

나라의 정치가 잘 되기 때문이다.

세상이 어지러운 나라의 음악은 원망과 분노가 담겨있으니, 그 정치가 잘못되었기 때문이다.

나라가 망하는 음악은 슬프고 우울하게 만드는데, 그것은 그 나라의 백성들이 곤궁으로 인해 허덕이기 때문이다.

망국지음이란 바로 여기에서 비롯된 말인데, 매우 흥미로운 다음과 같은 이야기가 있습니다.

옛날 춘추시대 위나라의 영공이 진나라로 가던 도중 한 곳에 머물 때였습니다. 밤중에 묘한 음악을 들은 영공은 즉시 악사장(樂師長)을 불러 그 곡을 거문고 가락에 맞추어 연주하도록 했습니다.

이윽고 진나라에 도착한 영공은 평공(平公)이 잔치에 초대해 준 자리에서 "새로운 음악을 한 곡 소개하겠소이다."하고 말한 뒤에 악사장에게 예의 음악을 연주시켰습니다. 그러자 진나라의 악사장이 영공의 손을 잡으며, "이것은 망국의 음악이니 절대로 끝까지 연주하면 안 됩니다."하고 말하더니 의아해하는 평공에게 다시 말했습니다.

"이것은 은나라의 주왕을 위해 작곡한 사치스러운 음악으로 주왕은 이 음악을 즐기며 주지육림에 빠졌다고 합니다. 주나라의 무왕이 주왕을 징벌했을 때 은나라의 악사장은 동쪽으로 도망치다가 몸을 던져 자살을 했습니다. 그러니 이 곡을 듣게 되면 그 나라는 꼭 망하게 됩니다. 때문에 이 음악을 끝까지 연주하면 안 된다고 말씀드린 것입니다."

그러나 평공은 듣지 않고 명령했습니다.

"그래도 나는 이 음악이 좋으니 끝까지 듣겠노라."

그런데 악사장이 곡을 연주하기 시작하자 서쪽에서 갑자기 검은 구름이 피어오르기 시작하고 연주가 계속되자 이번에는 강풍이 몰아치면서 폭우까지 쏟아졌습니다.

장막이 찢어지고 음식상이 부서지는가 하면 지용의 기왓장이 떨어져 내려 그 자리에 있던 모든 사람들이 도망치게 되었습니다.

뜻밖의 사태에 겁을 잔뜩 먹게 된 평공은 마루의 구석진 곳에 엎드려 몸을 숨겼습니다.

그후로 그 나라에는 극심한 가뭄이 3년 동안이나 계속되었으며, 평공 역시 온몸에 심한 종기가 생겨 커다란 고통을 받았습니다.

그리하여 사람들은 저속하고 음란한 이러한 음악을 나라를 망치는 망국지음이라 불렀다고 합니다.

명경지수(明鏡止水)

明(명) 밝다, 맑다
鏡(경) 거울
止(지) 그칠
水(수) 물

명경지수는 『장자(莊子)』의 〈덕충부편(德充符編)〉에 나오는 말입니다.

중국의 노나라에 왕태(王胎)라는 사람이 살고 있었습니다.

그는 심한 형벌로 인해 다리가 잘린 불구였지만 학식과 덕망이 높아 그를 따르는 사람들이 공자를 능가할 정도로 많았습니다.

이를 시기한 공자의 제자 상계(常季)가 어느 날 공자에게 물었습니다. "왕태는 별 재주도 없는 것 같은데 왜 많은 사람들이 모여드는 것일까요?" 그러자 공자는 대답했습니다.

"사람들은 흐르는 물을 거울로 삼지 않고, 고요한 물을 거울로 삼아 자기의 모습을 비춰 본다. 왕태의 마음은 고요한 물과 같기 때문에 많은 사람들이 모여든 것이다."

이처럼 명경지수는 고요하고 깨끗한 마음을 의미하는 말입니다.

모순(矛盾)

矛(모) 세모진 창, 창
盾(순) 방패

이 성어는 어떤 일이 이치에 맞지않는 경우에 사용하는 말입니다. 다른 어떤 비유보다도 현재까지 가장 많이 사용되는 말이기도 합니다. 다음과 같은 이야기가 전해내려오고 있습니다.

방패와 창을 파는 초나라 사람이 있었습니다. 그는 언제나 방패를 놓고 사람들에게, "내 방패는 어떤 창으로도 도저히 뚫을 수 없다."라면서 자랑하는가 하면 다시 창을 내보이며 다음과 같이 자랑했습니다.

"내 창으로는 아무리 견고한 것이라도 능히 꿰뚫을 수 있다."

한 사람이 그 말을 듣고 이상하게 여기며 물었습니다.

"이것 보게, 자네가 그토록 자랑하는 창으로 자네의 방패를 꿰뚫으면 어떻게 할 텐가?"

그러자 창과 방패를 파는 사람은 한 마디 대꾸도 하지 못했습니다.

즉 똑같은 상태에서 서로 양립할 수 없는 상태를 모순이라고 했는데, 이때에 그 말이 생겨나게 되었습니다. 또한 모순은 한비자의 『난일편(難一篇)』에 나오는 말이기도합니다.

거기에는 약간 형태를 달리한 다음의 이야기도 나와있습니다.

역산(歷山)에 사는 농부들이 가끔씩 밭이랑을 두고 분쟁이 일어났다. 그러나 순임금이 그런 것을 1년 만에 완전히 다스려 놓았다.

또한 황하에서는 어부들이 어장을 놓고 계속 다투었는데, 이번에도 순임금이 그 곳에 가서 1년 동안 낚시질을 하자 원만히 해결되었다. 연장자에게 양보하는 화합이 이루어지게 되었던 것이다.

동방의 이민족들이 도자기를 만드는데 어찌된 영문인지 그릇들의 모양이 자꾸만 일그러졌다. 그리하여 순임금이 1년동안 그 곳에 가서 질그릇을 만들자 모든 그릇들이 올바로 구어져 나왔다.

이를 듣고 한비자는 "순임금의 이러한 행위로 성군이라 불린다면 요임금의 실정이 전제되어야 한다. 그러므로 요임금은 성군이 될 수 없다. 반대로 요임금이 성군이라 한다면 이러한 실정이 일어나지 않았을 것이므로 순임금의 덕의 감화는 부정된다.

따라서 요임금과 순임금이 똑같이 성인대우를 받는다는 것은 창과 방패의 이치와 다름이 없는 것이다."라고 말했습니다.

이는 바로 유학자들이 주장하는 덕치주의(德治主義)를 꼬집은 말이었습니다.

무용지용(無用之用)

無(무) 없다
用(용) 쓸
之(지) 갈
用(용) 쓸

쓸모없는 것의 쓰임이라는 이 고사성어는 원래는 도가적(道家的)인 주장으로서 세속적인 눈으로 보면 별로 쓸모도 없는 사물이 바로 진정한 도움을 준다는 뜻으로 언뜻 보아 쓸모없는 것이 도리어 크게 쓰이는 경우에 사용됩니다.

『장자』의 〈인간세편(人間世篇)〉에 보면 다음과 같은 이야기가 있습니다.

> 산의 나무는 스스로 해치고,
> 등불은 자신을 태운다.
> 먹을 수 있는 이유로 계수나무는 베어지고,
> 옻나무는 그 칠을 쓸 수 있어서 또한 베어진다.
> 사람들은 모두 쓸모 있음의 그것을 알고 있되,
> 쓸모 없음의 그것을 모르고 있다.

이것은 다시 말하자면 사람들의 아둔함을 지적한 말입니다. 사람들은 겉으로 보기에 따라서만 쓸모가 있는지의 여부를 판단할 뿐, 쓸모가 없어 보이는 사물의 진정한 가치는 모른다는 것입니다.

문경지교(刎頸之交)

刎(문) 목을 자르다
頸(경) 목
之(지) 갈
交(교) 사귈

조(趙)나라의 혜문왕(惠文王) 때의 일입니다. 혜문왕이 화씨지벽(和氏之璧)이라는 진귀한 보물을 얻게 되자 진나라의 소왕이 그 보물과 자기 나라의 15개에 달하는 성(城)을 바꾸고 싶다는 뜻을 전해왔습니다.

혜문왕의 입장은 매우 딱하게 되고 말았습니다. 부강한 진나라의 말을 거역할 수 없음은 물론, 설령 보물을 준다고 해도 약속대로 성을 얻을 수 있다고는 믿을 수 없었습니다.

성을 안 주면 그만이었기 때문입니다.

이럴 때 어려운 교섭을 하기 위한 특사로 선발된 것이 바로 인상여(藺相如)라는 사람이었습니다.

인상여가 보물인 구슬을 가지고 진나라의 왕에게로 갔을 때였습니다.

구슬을 받은 진나라 왕은 인상여에게 타국의 특사에 대한 예의

조차 갖추지 않았습니다.

완전히 무시한 채 구슬을 받자마자 이미 자기의 것인 것처럼 좋아하며 궁녀와 시종들에게 내보이는 등 자랑만 할 뿐이었습니다.

인상여는 15개의 성을 줄 생각도 않는 진나라 왕의 태도에,

"그 구슬에는 흠집이 있는데, 그것을 가르쳐 드리겠습니다." 하고 말하고는 구슬을 되돌려 받았습니다 .

그런 뒤에 인상여는 기둥을 등에 지고 선 채 왕의 불신을 꾸짖으며 이렇게 말했습니다.

"왕께서 이 구슬을 강제로 빼앗으려 하신다면, 이것은 제 머리와 함께 이 기둥에 부딪쳐 박살이 나게 될 것입니다."

그 결과 조나라는 구슬을 진나라 왕에게 빼앗기지 않았습니다. 또한 진나라로부터 어떤 물리적인 압력도 받지 않으며 지내게 되었습니다.

혜민왕은 몹시 기뻐하며 인상여에게 상대부(上大夫)라는 벼슬을 내리며 크게 치하했습니다. 그러나 진나라는 결국 조나라로 쳐들어왔습니다.

처음에는 석성(石城)을 빼앗고 다음 해에는 다시 쳐들어와 2만여 명이나 죽였습니다. 그런 뒤에 조나라의 혜민왕과 평화교섭을 하자고 제의했습니다. 혜민왕은 감히 나가서 평화협정이나 교섭을 할 엄두도 못냈습니다.

그러자 상대부 인상여와 장군인 염파가 나서서 말했습니다.

"왕께서 가시지 않는다면 이 나라는 겁장이 나라로 취급되어 더욱 어렵게 될 것입니다."

혜민왕은 할 수 없이 떠나게 되었습니다. 염파는 나라에 남아서 지키고, 인상여가 왕과 함께 떠났는데 이때 왕을 국경까지 전송한 염파가 말했습니다.

"그 곳까지 다녀오시기에는 30일이 채 안 걸립니다. 만일 30일이 지나도 왕께서 돌아오시지 않는다면, 진나라가 태자를 인질로 삼지 못하도록 왕위에 즉위시키겠습니다."

혜문왕은 필사의 각오 아래 그것을 허락하고 떠났습니다. 이윽고 회견이 시작되었고 잔치가 벌어졌습니다.

그 자리에서 진나라의 왕은 혜문왕에게 비파를 뜯도록 했습니다. 혜문왕이 그대로 하자 이번에는 진나라의 어사가 앞으로 나오더니, "0년 0월 0일 진왕이 조왕과 술을 마셨으며, 조왕에게 비파를 연주하도록 했다."라는 사실을 궁중기록에 남기도록 했습니다.

"이번에는 진왕께서 진나라의 사정을 한 번 연주해 주시지요."

그러나 진왕은 화를 내며 승낙하지 않았습니다. 인상여는 질그릇으로 된 사정이라는 악기를 내밀며 무릎까지 꿇었으나 역시 거절당했습니다.

"지금 저와 대왕의 거리는 불과 다섯 발자국입니다. 대왕은 인상여의 수중에 계신 것입니다."

그 말에 시종들이 달려들어 칼을 쳐들었습니다. 인상여는 무섭게 쏘아보며 눈길로 꾸짖었습니다. 그러자 시종들은 이내 몹시 당황했습니다.

할 수 없이 진왕은 악기를 연주했고 인상여는 진나라의 어사가 했던 그대로 똑같이 궁정기록에 그 사실을 적어넣도록 했습니다.

그때까지 지켜보던 진나라의 대신들이 앞으로 일제히 나아가, "조나라의 성 15개를 바쳐 진왕의 장수를 축원해 주시지요." 하고 부탁하자 인상여 역시 같은 조건으로 내세웠습니다.

"그게 아니라 진나라의 함양성을 바쳐 조왕의 장수를 축원해주시지요."

그렇게 회의가 진행되는 동안 조나라에서는 군비를 열심히 갖추었으며, 회담에서 조나라를 굴복시키지 못한 진나라는 다시 어떤 보복행위도 할 수 없게 되고 말았습니다.

귀국한 혜문왕은 인상여의 공로를 크게 치하하여 경대부로 임명했습니다. 그것은 염파보다 높은 지위였습니다. 이에 염파가 말했습니다.

"나는 이 나라의 장수로서 성을 습격하여 야전에서 큰 공을 세웠다." 그런데 인상여는 입과 혀만 놀린 공로로 나보다 높은 벼슬이 내려졌다. 더구나 천민출신인 그의 밑에 내가 어찌 있을 수 있겠는가." 또한 그는 인상여를 만나면 톡톡히 망신을 주겠다고 선언했습니다.

한편 그 소식을 들은 인상여는 어떡하든 염파와 마주치지 않으려고 노력했습니다. 궁중에 들어갈 때도 온갖 구실을 만들어 두 사람의 만남을 적극적으로 피했습니다.

어느날의 일이었습니다.

외출했던 인상여가 먼 곳에 있는 염파를 보게 되었습니다. 이에 그는 즉시 수레를 옆길로 넣도록 한 다음 몸을 숨겼습니다.

그러자 그의 부하들이 말했습니다.

"우리가 어른을 모시는 것은 어른의 높은 의리를 존경해서입니다. 그런데 이토록 염장군을 피해 도망치시다니 저희가 부끄럽습니다."

그러자 인상여가 부하들에게 물었습니다.

"자네들은 진왕과 염장군 중에 누가 높다고 보나?"

"그거야 진왕이지요."

"나는 그 진왕을 무서워 하지 않고 그를 꾸짖고 그의 신하들에게도 수치를 주었다. 내 어찌 염장군을 두려워 하겠는가?"

인상여의 말뜻은 이러했습니다.

조나라가 강대국 진나라의 공격을 받지 않을 수 있는 것은 염파와 자신이 있기 때문인데 두 사람이 싸우면 필시 함께 죽게 될 것이다. 즉 그가 염파를 피하는 것은 두려워서가 아니며, 국가의 위급이 우선이기 때문에 비겁하게 보이겠지만 염파를 피한다는 것이었습니다.

한편 그와 같은 이야기를 전해들은 염파는 부끄러움으로 인해 견딜 수가 없었습니다.

그는 옷을 벗은 다음 태형(笞刑)에 사용하는 가시나무를 짊어지고 자신의 잘못을 빌기 위해 인상여의 집으로 갔습니다.

"나 같이 천한 사람에게 장군께서 이렇게까지 하실 줄은 몰랐습니다."

인상여는 진심으로 말했습니다. 이 후 두 사람은 목에 칼이 들어와도 변하지 않는 사이가 되었다 하여 생과 사를 같이 나눌 수 있는 친구사이를 문경지교라고 합니다.

문전성시(門前成市)

門(문) 문
前(전) 앞
成(성) 이루다
市(시) 시장

이것은 문에 출입하는 사람이 많을 때 사용하는 고사성어인데, 어떤 일이 크게 성공을 거두어 많은 사람이 들락거리며 축하해 주거나, 세력이 있어 찾아오는 사람이 많음을 이르기도 합니다.

문전성시란 말은 『한서(漢書)』의 〈정숭전(鄭崇傳)〉에 나옵니다.

중국 한나라 애제(哀帝)는 20세로 즉위했지만 정치의 실권은 외척의 수중에 있고 헛된 황제의 빈 자리만 지키게 되었습니다.

이런 애제에게 정숭이란 충신이 있었는데 정숭은 항상 바른 말을 하며 바른 정치를 할 것을 당부했습니다.

그러나 애제는 점점 자포자기하게 되었고 정숭을 시기하던 간신들은 그를 모함하기 시작했습니다.

"정숭은 왕실의 여러 사람들과 통하고 있으며 어떤 좋지 못한 일을 꾸미고 있는 것 같습니다."

이런 말을 들은 애제는 정승을 문책했습니다.

"그대의 집에는 언제나 많은 사람들이 모여 상의를 한다는데, 도대체 무엇 때문인가?"

그러자 정승은 대답했습니다.

"저의 집 앞은 시장 같지만 저의 마음은 언제나 물과 같이 맑습니다."

그러나 애제는 정승의 말을 믿지 않고 감옥에 가두었습니다. 그 후 정승은 결국 감옥에서 억울하게 죽고 말았습니다.

이후 문전성시는 세력가의 무분별한 권력남용을 경계할 때도 사용되곤 합니다.

미생지신(尾生之信)

尾(미) 꼬리
生(생) 날
之(지) 갈
信(신) 믿을

　미생의 믿음이라는 뜻의 미생지신은 고지식하고 융통성 없이 약속만을 지키는 사람을 비유할 때 쓰는 말입니다. 전국시대에 소진이 연나라의 왕에게 말한 것 중에 다음과 같은 이야기가 나옵니다.

　미생(尾生)은 여자와 다리밑에서 만나기로 약속했는데 여자가 오지 않았다. 그러나 그는 끝까지 기다렸다. 그는 결국 물살에 떠밀리며 참다가 기둥을 끌어안은 채 죽고 말았다.

　이상의 이야기는 당시에 널리 알려진 것이었습니다. 또한 장자 등의 책에도 기록되어 있는데, "미생의 신의는 사소한 믿음에 얽매여 귀중한 것을 소홀히 하는 어리석은 것이다."라고 하였습니다.

막상막하(莫上莫下)

어느 것이 위고 어느 것이 아래인지 차별을 두고 구별할 수 없다는 말입니다. =난형난제

만고풍상(萬古風霜)

오랫동안 바람과 서리를 견딘 고통이라는 뜻으로, 오래 겪어온 힘겨운 고통을 일컫는 말입니다.

만면희색(滿面喜色)

온 얼굴에 가득히 기쁜 빛을 띠었다는 뜻입니다.

망양보뢰(亡羊補牢)

양을 잃고 난 뒤에 그 우리를 고친다는 말이므로, 실패한 후에 일을 대비하면 이미 때가 늦음을 뜻합니다.

명약관화(明若觀火)

불을 보듯이 분명한 일을 일컫는 말입니다.

목불식정(目不識丁)

정(丁)자도 알아보지 못한다는 말이므로 배운 것이 없는 사람을 일컫는 말입니다.

목불인견(目不忍見)

눈 뜨고 차마 볼 수 없다는 말입니다.

무용지물(無用之物)

아무 쓸 데가 없는 물건이나 사람을 일컫는 말입니다.

문전옥답(門前沃畓)

집 문 앞에 있는 기름진 전답이라는 말로 많은 재산을 뜻합니다.

물실호기(勿失好機)

좋은 기회를 놓치지 말라는 뜻입니다.

반식재상(伴食宰相)

伴(반) 짝, 벗
食(식) 먹을
宰(재) 재상
相(상) 서로

같이 밥 먹는 재상이라는 뜻의 반식재상은 뚜렷한 재능도 갖지 못한 사람이 하는 것 없이 자리만 차지하고 있는 것을 두고 하는 말입니다.

29세에 당나라의 청년황제가 된 현종은 사치를 금지시키는 한편 부역을 기피하고 중이 되었던 사람들도 모두 환속시키는가 하면 관리들도 모두 다시 정리했습니다.

그런식으로 하나씩 혁신적인 정책을 수립하며 대외적으로는 변방에 열 명의 절도사를 파견했으니 다른 민족들의 침입을 막아내기 위해서 였습니다.

이때, 현종을 보좌하여 혁신정치의 기반을 잡도록 한 두 명의 신하가 있었으니, 늙은 신하인 요숭과 송경 두 사람이었습니다.

송경이 요숭 대신 재상이 된 것은 개원 4년의 일이었으며 그 전에 요숭과 함께 재상을 지낸 사람은 노회신이었습니다.

그는 본래가 검약하며 조심성이 많을 뿐더러 청렴결백한 인물이었는데 재상을 지내는 동안 받은 녹봉으로 자신의 재산을 늘리지 않고 아는 사람이나 친지들을 도와 주었습니다.

자연히 그의 가족들은 헐벗고 굶주렸는데 그 후 그가 병이 들어 재상 자리에서 물러났을 때는 더욱 말이 아니었습니다. 비바람이 치면 이부자리로 문을 막아야 될 정도였던 것입니다.

그에 대한 다음과 같은 이야기가 있습니다.

그가 요숭과 더불어 재상을 지낼 때 요숭이 10여 일 동안 휴가를 가게 되었습니다.

그동안 노회신은 혼자서 재상일을 보게 되었는데, 혼자서는 너무나 벅찼기 때문에 처리할 일이 산더미처럼 쌓이게 되었습니다.

그러나 요숭이 휴가를 마치고 돌아오자 순식간에 많은 일들이 처리 되었습니다. 노회신은 이후부터 무슨 일이 생기든 항상 요숭을 앞에 세우며 자신은 한 걸음 뒤로 물러서게 되었습니다.

그리하여 당시의 사람들은 노회신을 일컬어 반식재상이라고 말하였습니다.

발본색원(拔本塞源)

拔(발) 뽑다
本(본) 근본, 뿌리
塞(색) 막는다
源(원) 근원

이것은 나무를 뿌리까지 뽑아버리고 또한 물 역시 그 근원을 틀어 막는다는 뜻을 가진 말인데, 어떤 일의 원인을 몽땅 제거한다는 뜻으로 많이 사용되는 말입니다.

다시 말해서 모든 근원을 뿌리까지 뽑아내어 근본적으로 개선한다는 뜻으로 사용됩니다.

방약무인(傍若無人)

傍(방) 곁,가깝다
若(약) 같을
無(무) 없다
人(인) 사람

이 고사성어는 아무도 의식하지 않고 주위에 사람이 없는 것처럼 행동할 때 사용되는 말입니다.

옛날 중국에는 "선비는 자기를 인정해 주는 사람을 위해 목숨이라도 바친다."라는 말이 있었습니다. 그리하여 여러 방면에서 자객들이 활약을 하기도 했습니다.

『자객열전(刺客列傳)』에 보면 형가라는 사람이 있습니다.

그는 위나라 사람으로서 칼을 잘 쓰고 술 또한 누구보다 즐겼는데 위나라에서 벼슬을 얻지 못한 그는 여러 나라를 떠돌아다녔습니다.

그러던 중 연나라에서 차사로 있는 전광(田光)이라는 사람을 알게 되었는데, 전광은 형가의 비범한 품격을 당장 꿰뚫어보게 되었습니다.

원래 성격이 침착할 뿐만 아니라 각처를 돌아다니며 이름높은 현인과 호걸들을 사귀어 놓고 있었던 형가는 연나라에 가자 개를 잡는 사람과 어울려 길에서 술을 마셨습니다.

그런가하면 거문고와 비슷한 악기인 축(筑)의 명수 고점리와도 친분을 갖게 되었으며, 술에 취하면 고점리가 축을 연주했습니다.

또한 노래를 함께 부르거나 서로 붙들고 울면서 곁에 사람이 없는 것처럼 행동하기도 했는데 이것이 바로 방약무인인 것입니다.

이처럼 원래는 꺼리김없이 당당한 태도를 일컫는 방약무인은 이후 그 뜻이 변하여 무례한 행동을 의미하게 되었습니다.

그로부터 얼마 뒤 형가는 진나라에게 치욕을 당한 연나라의 태자 단(丹)의 청탁을 받고 진시황을 암살하기 위해 진나라로 떠나게 되었습니다.

이윽고 형가가 출발하는 날이 왔습니다.

태자를 비롯한 귀빈들이 상복차림으로 역수(易水) 물가까지 나와 전송해 주었습니다. 축의 명수인 고점리가 연주를 했으며 형가는 그것에 답하는 뜻에서 비장하게 노래를 불렀습니다.

바람은 싸늘하고 역수는 찬데,
장사(壯士) 한 번 가면 다시는 안 돌아오리라.

그 노래를 들은 전송객들은 슬퍼하며, 눈물을 흘렸습니다. 또한 진나라를 증오한 나머지 저마다 끓어오르는 분노를 억제하지 못했습니다.

그러나 형가는 목적을 달성하지 못했습니다. 숨겨 가지고 갔던 비수로 진시황을 찌르기는 했지만 두꺼운 예복을 뚫었을 뿐 몸에 치명상을 입히지 못했기 때문입니다.

배반낭자(杯盤狼藉)

杯(배) 잔, 그릇
盤(반) 소반
狼(낭) 이리
藉(자) 깔

이것은 글자의 뜻을 살펴볼 때 술잔이 어지러이 흩어져 놓여있다는 뜻으로, 배반은 술잔과 그릇들을 의미하고 낭자는 이리에게 깔린 풀처럼 그런 것들이 어지럽게 흩어져 있는 상태를 말하는 것입니다.

『사기(史記)』의 〈골계열전〉, 〈순우곤전〉에 보면, 임금에게 풍자적인 내용으로 간했던 사람으로 알려진 인물이 있는데 바로 순우곤입니다.

제나라 위왕 8년 때의 일입니다.

초나라의 대군이 제나라로 쳐들어왔습니다. 그러자 위왕은 황금 백근과 함께 네 마리의 말이 끄는 마차 10쌍을 선물로 준비했습니다.

그런 다음 순우곤을 사자로 하여 조나라에 구원병을 청하도록 파견했습니다. 그때 순우곤은 하늘을 쳐다 보며 갓의 끝이 끊어져 나갈 정도로 크게 웃었습니다.

그러자 의아하게 생각한 왕이, "무슨 이유로 그렇게 웃고 있는 가?"

"실은 제가 이 곳으로 오던 도중에 풍년을 비는 사람을 보았습니다. 차려놓은 제물은 돼지발톱 한 개와 술 한잔이었습니다."

그렇게 차려놓고, "좁은 밭에서 바구니로 가득히, 낮은 밭에서는 수레로 가득히 오곡이 풍성하게 익어 집안을 채우도록 하여 주십시오."하고 빌더라는 말을 한 다음 그는 이렇게 말했습니다.

"제가 웃는 이유는, 차린 음식에 비해 소원이 너무 큰 것이기 때문이었습니다."

그러자 위왕은 즉시 선물을 몇 배나 더 많이 준비했습니다. 과연 그 효과는 대단한 것이었습니다. 선물의 대가로 조나라는 10만 명의 정예 군대와 천 대의 전차를 지원해 주었던 것입니다.

한편 그 소식을 들은 초나라 군대는 대경실색, 밤을 이용하여 완전히 철수하고 말았습니다.

이에 크게 기뻐한 위왕이 성대한 잔치를 열고 순우곤을 그 자리에 불러놓고 물었습니다.

"그대는 술을 얼마나 마시면 취하는가?"

"한 되에도 취하지만 한 말에도 역시 취합니다."

"한 되에 취하는 사람은 한 말을 마실 수 없는 것인즉 그건 무슨 뜻인가?"

"임금님 앞에서 술을 마실 경우 옆에 사법관들이 있고, 뒤에는 또한 검찰관들이 버티고 있기 때문입니다."

"그건 또 무슨 뜻인가?"

"두려운 생각에 엎드려서 마시면 한 되도 마시기 전에 취하고 말 것입니다.

또한 친척집에 큰 일이 있어서 어른들과 술을 마실 때는 자리가 어려워서 두 되도 마시기 전에 취합니다.

그러나 오랜만에 다정한 벗과 어울려 정담을 나누며 술을 마시면 대여섯 되는 마실 수 있습니다.

그리고 동향 사람을 만나 술을 마시며 내기라도 하게 되면 여덟 되쯤 마시면 취할 것입니다."

순우곤의 이야기는 계속됩니다.

"해가 지고 술이 거의 다 떨어지게 되면 신발이 뒤섞이고 술잔들이 여기 저기 어지럽게 흩어지고(배반낭자 杯盤狼藉) 당 위의 촛불을 끈 다음 주인이 자기만을 머물게 하고 다른 손님들은 모두 보내면, 이런 때가 되면 너무나 기뻐서 능히 한 말을 마실 수 있습니다."

이어 그는 "술이 지극하면 어지러워지고, 즐거움이 지나치게 되면 슬퍼진다라고 하였으니 통촉하시옵소서"라고 했습니다.

순우곤의 그와 같은 뜻을 알게 된 임금은 그날부터 밤을 새워가며 열던 연회를 중지했습니다. 또한 순우곤을 제후의 접대자로 삼았습니다. 그리하여 왕족들만의 연회에도 항상 그가 곁에 있도록 했다고합니다.

백년하청(百年河淸)

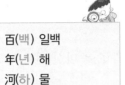

百(백) 일백
年(년) 해
河(하) 물
淸(청) 맑음

　백년하청은 황하의 흐린 물은 백년을 기다려도 맑아지지 않는다는 뜻으로 아무리 기다려도 가망이 없는 경우에 사용됩니다.
　『춘추좌씨전』에 보면 다음과 같은 이야기가 나와 있습니다.

　초나라의 영윤(令尹)자낭이 군대를 보내 정나라로 쳐들어갔습니다. 이에 정나라에서는 여섯 명의 경대부가 긴급 회의를 열고 그 대책을 모색하였습니다.
　이 자리에서 자국과 자이, 자사는 초나라에 대해 항복할 것을 주장했지만 자공(子孔)과 자교, 자전 등은 진나라에 원병을 요청하자고 주장했습니다.
　이때에 자사가 다음과 같이 말합니다.
　"주나라의 시에 다음과 같은 것이 있다. 황하의 흐린 물이 맑아질 때를 기다린다면 사람의 수명은 부족하다. 점을 많이 치게 되

면 혼란해져서 그물에 걸려 움직일 수 없게 된다.

희생물과 비단을 갖추고 초나라와 진나라의 국경에서 기다린 다음 강한 편에 가담하여 백성들을 보호하자.

적이 해로운 일을 하지 않고, 또한 백성들이 괴로운 일을 당하지 않게 된다면 이보다 더 좋은 일이 또 어디에 있겠는가.”

이 이야기에서 황하의 물이 맑아지기를 기다린다는 것은 진나라의 구원병이 오지 않을 것임을 비유한 말입니다.

백락일고(伯樂一顧)

伯(백) 맏, 첫
樂(락) 즐기다
一(일) 하나
顧(고) 돌아본다

백락일고는 명마가 백락을 만나야 세상에 알려진다는 뜻으로 뛰어난 재능도 알아주는 사람을 만나야 빛난다는 말입니다.

춘추시대 진(秦)나라의 진목공 때 마상(馬相)을 잘보는 손양이란 사람이 있었으며 사람들은 그를 백락이라 불렀습니다. 백락은 천마를 주전하던 별의 이름입니다.

백락이 이미 늙은 어느 날, 진목공이 그에게 좋은 말을 구해 올 자식이 있느냐고 물었습니다.

이에 백락은 좋은 말이란 현용과 근육과 뼈를 보면 되지만, 천하 명마를 볼 때는 그 현상이 없어져 현상만 보고는 잘 알 수 없다면서 자기 자식들은 재주가 시원찮아 좋은 말을 고를 순 있으나 천하 명마를 고를 수는 없으니 대신 자기 집에 땔 나무와 채소를 져다 주는 구방연이란 사람이 말에 대해 자기보다 낫다며 그를 천거했습니다.

　그리하여 구방연은 진목공의 분부를 받고 사방으로 말을 보러 다니다가 석달만에 명마를 구해 가지고 사구(沙丘)라는 지방에 두고 돌아왔습니다. 진목공이 어떤 말이냐고 묻자, 구방연은 암놈으로 누런 말이라고 아뢰었습니다. 그러나 진목공이 사람을 시켜 보고 오게 했더니 암놈이 아니라 수놈 인데다가 누렇지도 않은 검은 말이었습니다.

　실망한 진목공은 백락을 보고 빛깔도 모르고 암컷인지 수컷인지조차 구별 못하는 사람을 천거했다면서 이번일은 실패했다고 언짢아했습니다. 백락은 깊이 한숨을 쉬면서 다음과 같이 말했습니다.

　"이것은 바로 천만 명의 신하가 있다해도 세어서 꼽을만한 자가 없다는 것입니다. 구방연이 본 것은 하늘의 비밀입니다. 그는 그 정수만 파악하고, 그 대강은 잊어버렸고 또 그 속을 살피고서 그 외모는 잊은 것입니다. 그는 그가 보아야 할 것만 보고, 보지 않아도 될 것은 보지 않았고, 또 살펴야 할 것만 살피고 살피지 않아도 될 것은 빠뜨린 것입니다. 그가 말의 상(相)을 보았다는 것은 그 말에 귀중한 특징이 있는 걸 발견한 것입니다."

　구방연은 한낱 미천한 촌부였으나 백락은 그를 알아보고 천거했습니다. 구방연은 또 말의 외형 따위에는 눈을 두지 않고 오직 그 정수만 파악하고 명마를 골라낸 것입니다. 과연 그 말은 천하 명마였다고 합니다.

　당송팔대가(唐宋八大家)의 한 사람인 한유(韓愈)의 〈잡설(雜說)〉

에 보면 다음과 같은 유명한 말이 있습니다.

"세상에 백락이 있고 그 다음에 천리마가 있다. 천리마는 항상 있으나 백락은 항상 있지 않다. 그러므로 비록 명마가 있다해도 다만 종들의 손에 학대를 당하거나 마굿간에서 다른 범마(凡馬)들과 더불어 죽어 버리니 천리마로서 인정을 받지 못하고 마는 것이다."

세상에 인재는 늘 있지만 그 인재를 알아주는 사람이 항상 있지 않아서 그 재능을 펴보지 못하고 만다는 것을 비유한 글입니다.
"염거지감(鹽車之感)" 즉 소금 수레의 원한이라는 말도 있습니다.
언젠가는 백락이 천리마가 소금 수레를 끌고 고갯길을 올라오는 것과 마주치게 됐는데 말은 멍에를 멘 채 땅에 무릎을 꿇고 백락을 쳐다보며 소리쳐 울었습니다.
"너에게 소금 수레를 끌게 하다니…" 하며 백락은 말의 목을 잡고 함께 울었고 말은 고개를 숙여 한숨을 짓고 다시 고개를 들어 울었는데, 그 우렁차고 슬픈 소리가 하늘에까지 울렸다고합니다.

이 역시 재주 있는 사람이 때를 만나지 못하고 아까운 재주를 썩이며 고생한다는 것을 비유한 말입니다.
그래서 예부터 '말은 백락을 만나야 운다' 라고 했습니다. 『초사(楚辭)』에서도 "백락이 이미 죽고 없으니 천리마는 장차 어디로 가리"하고 탄식했습니다.

백면서생(白面書生)

白(백) 흰
面(면) 낯, 얼굴
書(서) 글
生(생) 날

이것은 얼굴색이 매우 창백하고 책만 읽은 청년으로 젊고 아직 세상 경험이 전혀 없는 사람을 이를 때 사용하는 말입니다.

남북조시대(南北朝時代)때의 일입니다.

이때 남조(南朝)의 문제(文帝)와 북조(北朝)의 태무제(太武帝)는 모두 17세와 18세의 젊은 나이로 즉위하게 되었습니다.

이들은 강남의 사진(四鎭) 쟁탈을 두고 때로는 싸우고 또한 화해하는 가운데 극단적인 대립관계를 지속해 가고 있었습니다.

그러던 중 태무제가 드디어 북쪽을 통일하고(439년) 유연(柔然)에 대비하기 위해 서쪽에 있는 여러 나라와 수호조약을 체결한 다음 다시 서북땅을 침략하게 되었습니다.

한편 문제 역시 남쪽의 임읍(林邑)을 평정했습니다. 나중에 있을 대결전에 대비하기 위해서였습니다.

드디어 449년 태무제는 대군을 일으켜 유연을 공격했습니다. 그러자 문제는 태무제를 공격할 절호의 기회가 왔다고 생각하여 귀족들의 동의를 얻어 병력을 일으키려고 했습니다.

이때 태자의 교위(校尉) 심경지(沈慶之)가 그곳에 모인 귀족들의 의견에 반대하며 문제(文帝)를 향해 다음과 같은 말을 했습니다.

'밭일은 종들에게, 베짜는 일은 하녀들에게 물어보아야합니다. 지금 임금은 적국을 공격하려 하는데, 백면서생들에게 의견을 묻는다면 어찌 성공할 수 있겠습니까?'

이때부터 글만 읽고 세상 경험 없는 젊은이를 백면서생이라고 부르게 되었습니다.

백문불여일견(百聞不如一見)

百(백) 일백	如(여) 같다
聞(문) 듣다	一(일) 한번
不(불) 아니다	見(견) 보다

백번 듣는 것보다 한 번 보는 것이 낫다는 백문불여일견은 직접 경험해 보는 것이 가장 확실하다는 의미로 『한서』의 〈조충국전〉에 나옵니다.

한나라의 선제 때 티베트 계통의 유목민족이 반란을 일으키자 선제는 병법에 뛰어난 조충국장군에게 도움을 청했습니다.

조장군이 오자 선제는 어떻게 유목민족을 무찌르겠느냐고 물었습니다. 그러자 조장군은 다음과 같이 대답했습니다.

"백문이불여일견이옵니다. 직접 가서 어떻게 싸우면 이길 수 있을지 살펴보고 계획을 말씀드리겠습니다."

선제는 조장군의 말을 받아들였습니다.

그리하여 조장군은 자세히 둘러본 후 치밀하게 작전을 세웠으며 1년 후 마침내 반란군을 진압할 수 있었다고 합니다.

백미(白眉)

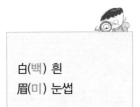

白(백) 흰
眉(미) 눈썹

　이것은 형제 가운데 가장 뛰어난 사람을 의미하는 게 원래의 뜻이 있었는데 나중에는 그것이 바뀌어 여러 사람이나 사물 가운데 가장 뛰어난 사람이나 사물을 의미할 때 쓰는 말이 되었습니다.
　『삼국지』의 〈마량전(馬良傳)〉에 보면 다음과 같이 백미에 관한 이야기가 나와 있습니다.

　마량의 자(字)는 계상(季常)으로 양양의 의성 사람으로 그에게는 다섯 명의 형제가 있었는데 모두 재능이 있다고 알려져 있었습니다. 그러나 고향사람들은 "마씨의 오상(五常) 가운데서도 백미가 가장 좋다."라고 했는데 이는 마량의 눈썹 가운데 흰 털이 있어서 그를 가리켜 백미라고 불렀기 때문입니다.
　이로부터 백미는 여럿 중에 가장 뛰어난 것을 가리키는 말로 사용되었습니다.

백아절현(伯牙絶絃)

伯(백) 맏, 첫
牙(아) 어금니
絶(절) 끊는다
絃(현) 줄

이 고사성어는 아주 가까운 친구가 죽었을 때 슬퍼하면서 하는 말입니다.

백아(伯牙)란 전국시대 때 거문고의 명수로 알려진 사람의 이름입니다. 그런데 그의 거문고 소리를 가장 잘 이해하는 친구 종자기가 죽자 백아는 거문고의 줄을 끊어버리고 이제 세상에 자기를 알아줄 사람이 없음을 슬퍼하며 다시는 거문고를 타지 않았다고 합니다.

이때부터 백아절현은 자기를 알아주는 벗의 죽음을 슬퍼함을 나타내는 말로 쓰입니다.

백안시(白眼視)

白(백) 흰
眼(안) 눈
視(시) 보다

완적(阮籍)은 주유(周瑜)가 사망한 210년에 태어나 촉이 멸망한 263년에 사망한 인물로 죽림칠현(竹林七賢)의 중심적인 사람이었습니다. 그는 사회가 정한 규칙에 얽매이는 것을 싫어했고 제멋대로 행동하며 시대의 풍조를 비판했던 인물로 알려진 사람입니다.

그래서 그에 대한 많은 이야기들이 있는데 그 중의 하나가 그의 어머니가 죽었을때 취했던 그의 행동입니다.

당시는 예법이 중시되던 때 였는데 그는 예법을 완전히 무시하고 끝까지 자기 감정에 충실하려고 했습니다.

조문하러 온 손님을 대할 때도 예법에 까다로운 사람한테는 노골적으로 경멸하는 눈초리인 백안(白眼:냉대하는 마음을 나타내는 눈매)을 보냈고 그렇지 않은 친구들에게는 청안(靑眼:환영하는 마음을 나타내는 눈매)으로 대했습니다.

이후 백안시는 상대를 냉대하여 흘겨본다는 의미로 사용되었습니다.

보원이덕(報怨以德)

報(보) 갚다
怨(원) 원수
以(이) 써
德(덕) 덕

이것은 한 마디로 원수를 덕으로 갚으라는 뜻을 가진 말입니다.

노자(老子)는 그의 『도덕경(道德經)』 제63장에서 다음과 같이 말했습니다.

"하지 않음을 행하고, 일 없음을 일하고 맛이 없음을 맛본다.

작은 것을 크게 알며 적은 것을 많게 알고, 원수를 갚되 덕으로 행하여라(보원이덕 報怨以德). 어려운 일은 그 쉬울 때 미리 준비하고, 큰 일은 그 작은 때 시행하라. 천하의 온갖 어려운 일은 반드시 쉬운 일에서 비롯되고, 천하의 큰 일은 반드시 작은 일에서 비롯된다.

때문에 성인(聖人)은 마침내 큰 것을 하지 않기 때문에 능히 큰 것을 이루게 된다."

복수불반분(覆水不返盆)

覆(복) 엎어질, 다시
水(수) 물
不(불) 못한다, 아니
返(반) 돌아올
盆(분) 동이

강태공은 『복수불반분』, 즉 한 번 엎지른 물은 다시 동이에 담을
수 없다는 유명한 고사(故事)를 남겨 놓았습니다.

이 말은 강태공이 그와 헤어진 아내 마(馬)씨가 다시 그를 찾아
왔을 때 그녀에게 한 말입니다.

강태공은 주문왕(周文王)을 만나기 전까지 장장 80년 세월을 무
던히도 가난하게 살았습니다.

그도 그럴 것이, 그가 일하지 않으면 살림을 꾸려 나갈 수 없는
데 살림에는 전혀 관심이 없고 날마다 책을 읽거나 아니면 낚시도
없는 낚싯대를 메고 낚시질을 가는 것이 생활의 전부였으니까 가
난할 수 밖에 없었습니다.

마씨는 매일같이 남의 집 품팔며 빨래를 해 주고 그 삯을 받
아 입에 풀칠했는데, 아무리 생각해도 백 날을 살아보아야 별 희

망이 없을 것 같았습니다. 그래서 헤어지자고 선언하고 친정으로 가버렸던 것입니다.

강태공이 출세했다는 소문을 들은 마씨는 설마 옛 정을 생각해서라도 자기를 괄세하지야 않겠지 하고 그를 찾아갔습니다.

그리고 지난 날에는 너무도 가난하여 친정으로 돌아갔지만 이제는 출세했으니 아내로서 다시 곁에 있게 해 달라고 울며 애원했습니다.

강태공은 그 말에는 아무 대꾸도 하지 않고 그릇에 물을 떠서 앞마당에 쏟은 다음, 마씨더러 그 물을 그릇에 되담으라고 했습니다. 그러나 물은 이미 땅에 스며들어가서 마씨가 긁어모은 것은 한 줌의 진흙 뿐이었습니다. 그러자 강태공이 점잖게 말했습니다.

"한 번 쏟아진 물은 그릇에 되담을 수 없다. 한 번 헤어지면 다시 같이 살 수는 없는 것이다."

이후 복수불반분은 부부관계에서만이 아니라 한 번 끝난 일은 다시 할 수 없다는 일반적인 의미로도 많이 사용되고 있습니다.

부마(駙馬)

駙(부) 곁말
馬(마) 말

이것은 왕의 사위를 일컫는 말인데, 원래는 천자의 부거(副車: 예비수레)를 끄는 말이라는 뜻입니다. 진나라의 간보가 지은 『수신기(授神記)』 전10권에 수록되어 있는 부마에 관한 다음과 같은 이야기가 있습니다.

신도도(辛道度)가 유학차 가던 도중 진나라의 도읍까지 왔을 때 커다란 저택의 문전에서 시중드는 소녀를 보게 되었다. 안으로 잠시 들어갔던 소녀가 이윽고 다시 나와 신도도를 안으로 맞아들였다. 그가 들어가자 인사를 한 여주인이 곧 음식을 내왔는데, 여주인이 그 자리에서 말했다.

"나는 원래 진나라 민왕의 딸이며 조나라로 시집가게 되었는데, 불행히도 남편이 죽어 23년동안 이 곳에서 혼자 살아왔습니다."

즉 인연이 맺어졌으니 앞으로 사흘 동안만 부부가 되어달라는 것이었다.

사흘이 지나자 그녀가 다시 말했다.

"당신은 산 사람이고 나는 죽은 사람이니 저승에서는 인연을 맺을 수도 있지만, 사흘 이상 부부관계를 가지면 어떤 일이 생길지 모릅니다. 그러니 헤어져야겠는데 기억에 남을 물건을 드리겠습니다."

그녀가 신도도에게 준 선물은 황금으로 만든 베개였다. 그런 뒤에 매우 슬퍼하며 소녀로 하여금 신도도를 전송토록 했다.

그런데 잠깐 사이에 그 집이 홀연히 사라지더니 그 곳에 산소 하나가 생기는 것이었다. 신도도는 소름이 오싹 끼쳐 급히 도망쳤는데, 나중에 보니 그녀가 준 황금베개는 여전히 같은 상태로 있었다.

그런 다음이었다.

진나라의 장터에서 황금베개를 팔려는 신도도의 모습을 보게 된 왕비가 매우 이상히 여기며 그 베개를 자신이 사들였다.

베개를 살펴보던 왕비는 그것이 자기 딸의 베개임을 알자 어디서 났느냐고 물었다.

신도도에게서 자초지종을 듣고 난 왕비는 크게 슬퍼하며 "죽은 지 23년이나 되었지만 살아있는 당신과 사랑을 나누었으니 당신은 내 사위일세."

왕비는 크게 탄식하며 신도도를 부마도위(駙馬都尉:부마를 돌보는 관리)로하여 상당한 하사품과 함께 고향으로 돌아가도록 했는데, 이때부터 왕의 사위를 부마라고 부르게 되었다고 합니다.

부화뇌동(附和雷同)

附(부) 붙을
和(화) 화합하다, 응하다
雷(뇌) 우레
同(동) 한가지

부화뇌동이란, 우레가 울리면 만물이 이에 응해서 울리는 것처럼
다른 사람이 말하는 것을 듣고, 그것이 옳고 그른지 생각조차 해보지
도 않고 경솔하게 그 말에 공명(共鳴)할 때 사용하는 비유어입니다.
『예기(禮記)』의 〈곡례편(曲禮篇)〉에 보면 자기보다 손위사람에
대한 예절에 관한 이야기에서 다음과 같이 말하고 있습니다.

　"다른 사람의 말을 자기의 말처럼 말하지 말고 반드시 옛날을 본
받을 것이며, 함부로 다른 사람의 뜻에 동조하지 말고 반드시 옛성
현을 모범으로 삼을 것이며, 선왕(先王)의 가르침에 따라서 이야기
를 진행시키도록 하라."

이러한 말은 『논어』의 〈자로편(子路篇)〉에도 나와 있습니다.
　'군자는 화합하고 부화뇌동하지 않지만, 소인은 부화뇌동할 뿐
화합하지 않는다.'

비육지탄(髀肉之嘆)

髀(비) 넓적다리
肉(육) 고기
之(지) 갈
嘆(탄) 탄식

이 고사성어는 전쟁 때 장수가 나아가 싸우지 못해 허벅다리에 살이 피둥피둥 찌는 상태를 한탄한다는 뜻을 가지고 있습니다. 다시 설명하자면 사람이 자기의 뜻을 펴보지도 못하며 허송세월을 보낸다고 한탄 할 때 쓰이는 말인 것입니다.

삼국지에 나오는 다음의 대목에서 그것을 볼 수 있습니다.

어느날 유비가 유표에게 초대를 받게 되었다.

그때 변소에 갔던 유비는 자신의 허벅다리에 살이 잔뜩 오른 것을 보자 깜짝 놀라며 눈물을 흘렸다. 이윽고 그가 자리로 돌아왔을 때였다. 그의 얼굴에서 눈물 흔적을 발견한 유표가 이유를 묻자 유비는 다음과 같이 대답했다.

"나는 지금껏 언제나 말을 타고 다녔기 때문에 허벅지에 살이 오르지 않았습니다. 그런데 요즘 들어 말을 타지 않다 보니 살이 많이 올랐습니다. 세월이 너무나 빨리 흘러 이제 곧 늙어질 터인데 지금껏 공업(功業)을 세우지 못한 것이 몹시 슬퍼서 그랬습니다."

빈자일등(貧者一燈)

貧(빈) 가난할
者(자) 놈, 사람
一(일) 하나
燈(등) 등잔, 등, 등불

불교의 경전인 『현우경』, 〈아도세왕 수결경〉에 나오는 말입니다.

왕이 바친 백 개의 등은 밤 사이에 불이 다 꺼지거나 기름이 다되었는데, 가난한 노파가 바친 등 하나만은 계속 불이 켜져 있었다는 고사에서 비롯된 말입니다. 즉 가난한 사람이 하는 값진 선행을 이르는 말입니다.

빙탄불상용(氷炭不相容)

氷(빙) 얼음
炭(탄) 숯, 불길
不(불) 아니다
相(상) 서로
容(용) 얼굴

이것은 성격이 전혀 다르기 때문에 서로 전혀 타협할 수 없는 경우를 두고 하는 말입니다.

한나라의 동방삭(東方朔)이 굴원(屈原)을 추모하여 지었다는 다음과 같은 글이 있습니다.

사람의 일의 불행을 슬퍼하며 태명(太命)을 붙여 함지(咸池=하늘의 신)에게 맡긴다.
몸은 병들어 쉬지 못하고,
마음은 탕임금처럼 끓어오르네.
얼음과 숯은 어떤 경우에도 섞이지 못하니(빙탄불가이상병혜氷炭不可以相並兮),
내 원래부터 목숨이 길지 못함을 알겠구나.
홀로 고독하게 죽으니 즐거움이 없어 슬프다.
나는 아직 내 나이가 다 하지 않은 것을 슬퍼한다.

내가 있는 곳으로 돌아가지 않음을 슬퍼하며
내 고향 떠남을 원망한다.
새와 짐승도 놀라 무리를 잃고,
오히려 높이 날며 슬피 우네.
여우도 죽을 때는 반드시 언덕으로 머리를 두는데.
도대체 사람이 누가 마땅히 그 진정으로 돌아가지 않을까?

  이 글에서는 굴원이 귀향 가는 모습이 그려지는데 굴원을 모함한 사람들과 굴원은 얼음과 숯 같은 사이여서 함께 있을 수 없다고 표현하고 있습니다. 따라서 도저히 화합할 수 없는 사이를 빙탄불상용이라고 합니다.

분골쇄신(粉骨碎身)

뼈가 가루가 되고, 몸이 부서지도록 한다는 말이므로, 곧 자기 몸을 돌보지 않고 노력한다는 것을 뜻합니다.

불야성(不夜城)

밤이 낮같이 밝고 번화하다는 말입니다.

불입호혈 부득호자(不入虎穴 不得虎子)

범의 굴에 들어가지 않고서는 범의 새끼를 얻지 못한다는 말이므로, 자기가 뜻하는 목적을 이루려면 그만한 위험을 무릅써야 한다는 뜻입니다.

비몽사몽간(非夢似夢間)

꿈인지 생신지 분간하기 어려운 어렴풋한 상태를 일컫는 말입니다.

사면초가(四面楚歌)

四(사) 넷
面(면) 낯
楚(초) 초나라
歌(가) 노래

이 고사성어는 원래 사방에 적군이 둘러싸고 있기 때문에 어떻게도 할 수 없는 막막한 상태를 두고 생겨난 말인데 누구도 도와주는이 없고 빠져나갈 구멍도 없을 때 사면초가라는 말을 하게 됩니다.

초나라의 항우와 한나라의 유방 사이에 벌어진 전쟁이 거의 막바지에 이르고 있을 때였습니다. 형세는 이미 항우에게 매우 불리하게 되었습니다.

그리하여 이들은 평화협정을 맺고 천하를 둘로 나누었습니다. 홍구의 서쪽은 한나라가 차지하고 동쪽은 초나라가 차지하기로 한 것입니다.

그런 다음 항우는 군대를 지휘하여 동쪽으로 갔습니다. 유방 역시 서쪽으로 가려할 때였습니다. 장량(張良)과 진평(陳平)이 말했습니다.

"지금이야말로 한나라와 초나라의 우열이 분명히 가려져 있습니다. 그러니 이토록 좋은 기회를 놓쳐서는 절대로 안 됩니다."

그리하여 유방은 즉시 말머리를 돌려 항우를 추격하게 되었습니다. 여기에는 소위 연합군이 참전했습니다. 한신이 제나라에서 군대를 이끌고 왔으며 팽월은 양나라에서, 다른 장군들 역시 각자 군대를 이끌고 와서 해하에서 합세하여 항우를 맹렬히 추격하게 된 것입니다.

항우의 군사는 해하에서 성벽을 쌓은 다음 꼼짝도 하지 않았습니다.

그러나 이미 군량도 거의 다 떨어진 상태에다 병력 역시 유방 편보다 훨씬 적은 형편이었습니다. 한나라와 제후의 군사들은 그 성을 여러 겹으로 완전히 포위한 상태였습니다.

그리고 밤이 되었을 때였습니다. 한나라는 군사들에게 초나라의 노래를 부르게 하였습니다. 그러자 초나라 군인들은 사방에서 갑자기 들려오는 초나라의 노래를 듣자 깜짝 놀라 다음과 같이 말했습니다.

"한나라의 군대가 이미 초나라를 정복한 것일까? 어찌하여 이토록 초나라 사람이 많단 말인가?"

『사기(史記)』에 의하면 그 마지막 밤을 이렇게 설명하고 있습니다.

밤이 되었을 때 항우는 본진에서 직접 결별의 주연을 베풀었습

니다. 항우에게는 우미인이라는 아름다운 여인이 있었는데, 항우
는 그녀를 몹시 총애했습니다.

또한 항우에게는 추라고 하는 준마 한 마리가 있었는데 언제나
그 말에 올라탈 준비가 갖추어져 있었습니다. 이 자리에서 항우는
비분강개하면서 다음과 같은 시를 읊었습니다.

나의 힘은 산을 뽑고 기운은 세상을 덮을 수 있다.
그러나 때가 나에게 불리하여 추가 달리지 않으니,
추는 가지 않으니 어떻게 하면 좋단 말인가?
우미인아, 우미인아, 그대를 어떻게 한단 말인가?

항우가 그 노래를 계속하자 우미인이 그것에 응답했다고 합니
다. 그러자 항우의 두 눈에서 뜨거운 눈물이 흘러내렸으며, 측근
들까지 모두 울었으며 감히 항우의 얼굴을 쳐다볼 수 없었다고 합
니다.

사숙(私淑)

私(사) 사사
淑(숙) 맑을

이 성어는 옛사람이나 멀리 떨어져 있는 사람을 은근히 사모하여 직접 가르침을 받지는 못했으나 그 사람을 표본으로 하여 자신의 인격을 수양해 나가는 것을 뜻하는 말입니다. 공자의 손자인 자사의 제자가 된 맹자는 유학(儒學)을 배웠는데, 맹자는 어느 날 공자를 그리워하며 다음과 같이 말했다고 합니다.

"군자가 끼친 은덕은 다섯 세대에서 끊어지고 소인이 끼친 은덕 또한 다섯 세대에서 끊어지게 된다. 나는 공자님의 제자가 되는 복을 얻지 못했지만, 나는 사람들을 통해 그것을 사숙했다."

사이비자(似而非者)

似(사) 같다, 닮다
而(이) 어조사
非(비) 아니다
者(자) 놈

이것은 겉으로 볼 때는 옳고 완벽한 것 같아 보이지만, 실제로 알고 보면 전혀 그렇지 않은 가짜를 두고 하는 말입니다.

흔히 사이비 종교, 사이비 기업가 등등, 앞에 사이비라는 말이 붙는 거짓된 인간들이 세상에 많이 있음은 의심할 여지가 없는 일입니다.

맹자의 『진심편(盡心篇)』에 보면 제자인 만장(萬章)이 질문하는 다음과 같은 글이 나옵니다.

"한 고을 사람들이 모두 그를 높고 훌륭한 사람이라고 한다면 그는 분명히 훌륭한 사람이라고 봅니다. 그런데 공자께서 향원을 두고 덕을 해치는 사람이라고 말씀하신 이유가 어디에 있습니까?"

만장의 그와 같은 물음에 맹자가 대답했습니다.

"그를 비난하려고 해도 비난할 것이 없을 뿐더러 특별히 공박할 것도 없지만 세상의 더러운 풍속에 영합하여 집에 있으면 꼭 성실하고 신의가 있어 보이며, 나가서 행동하면 분명히 청렴결백한 것 같아서 사람이 모두 그를 옳다고 생각한다. 하지만 그런 사람과 더불어 요, 순의 올바른 도에 들어갈 수는 없기 때문에 공자께서 그렇게 말씀하셨다."

여기서 맹자는 공자의 다음과 같은 말을 인용했습니다.

"나는 사이비한 것을 미워한다.
강아지풀을 미워하는 이유는, 그것이 곡식의 싹들을 혼란시키지 않을까 두렵기 때문이다.
말 잘하는 것을 미워하는 이유는, 혹시나 신의를 혼란시키지 않을까 두렵기 때문이다.
정나라의 음악을 미워하는 것은, 그것이 혹시 아악을 혼란시키지 않을까 두렵기 때문이다.
보라색을 미워하는 이유는, 그것이 혹시 붉은 색을 혼란시키지 않을까 두렵기 때문이다.
향원을 미워하는 이유는, 그들이 혹시 덕을 혼란시키지 않을까 두렵기 때문이다."

이어서 맹자는 만장에게 다음과 같이 말했습니다.

"군자는 법도를 따를 뿐이니 법도가 올바로 잡히면 일반 백성들도 역시 선한 기풍이 일게 되고, 백성들에게서 선한 기풍이 일어나게 되면 간사한 것들은 모두 곧 없어지게 되는 법이니라."

여기서 향원이란 처세에 능해 세속적인 상식과 부합되는 말들을 점잖게 늘어 놓아 사람들로 부터 신임을 얻고 비난하려해도 특별히 나무랄데가 없는 사람들입니다. 하지만 보다 나은 세상에 대한 진리탐구에는 전혀 관심이 없고 사람들의 신임을 이용해 일신상의 안위만 추구하는 사람들입니다.

공자와 맹자는 이러한 향원이 누가 봐도 천박한 소인배들 보다 도덕을 더 혼란시키기 때문에 도덕의 더 큰 적이라 한 것입니다.

사자후(獅子吼)

獅(사) 사자
子(자) 아들
吼(후) 울다

이 단어는 원래 사자의 울음소리를 뜻하는 말인데 그 소리는 위엄에 넘치는 무서운 것이기 때문에 듣는 짐승들이 도망친다고 했습니다.

사자후에 대한 이야기는 『본초강목(本草綱目)』에 다음과 같이 나와 있습니다.

"서쪽의 여러 나라에서 사자가 왔는데 눈빛이 번개 같고 울부짖는 목소리는 우레와 같았다. 한 번 짖을 때마다 모든 짐승들이 도망치고 말았다."

또한 부처님인 석가모니의 목소리를 사자의 우는 소리에 비유하는데 이는 사자의 울음소리를 듣고 다른 동물들이 도망가는 것처럼 석가모니의 설법을 듣고 악마들이 도망갔기 때문입니다.

사족(蛇足)

蛇(사) 뱀
足(족) 발

뱀의 발, 뱀을 그리고 발을 그려 넣다. 있어도 쓸모없는 것, 또는 하지 않아도 될 일을 공연스레 하는 것을 비유하는 말, 화사첨족(畵蛇添足)이라고도 합니다.

초나라의 재상 소양은 위나라를 치고 나서 다시 제나라를 공격하려고 했습니다. 겁이 난 제나라 왕이 때마침 진나라의 사신으로 와있던 진진에게 소양의 야심을 꺾어 달라고 부탁했습니다. 진진은 곧 소양을 찾아가 말했습니다.

"초나라에서는 적군을 격파하고 적장을 죽인 자에게 어떤 은상을 내립니까?"

"상주국이란 벼슬을 주고 작위는 상집규에 해당하지요."

"상주국보다 더 높은 벼슬은 뭡니까."

"오직 영윤이 있을 뿐이오."

"그렇지요. 영윤은 둘일 수가 없지요. 영윤인 당신에게 이런 이야기를 들려주겠습니다. 어떤 사람이 하인들에게 큰 잔에 따른 술을 내렸답니다. 그것은 여럿이 마시기에는 모자라고 혼자서 마시기에는 넉넉했습니다.

하인들은 의논 끝에 땅바닥에 뱀을 그려서 가장 먼저 그린 사람이 그 술을 다 마시기로 했지요. 그래서 그리기 시작했는데 이윽고 한 사람이 '내가 뱀을 가장 먼저 그렸다'고 외치고는 술잔을 집어들더니 '나는 발도 그릴 수 있지' 하면서 그린 뱀에 발을 덧붙여 그렸답니다. 그러자 그제사 뱀을 다 그린 자가 술잔을 뺏어 마시면서 '뱀에 무슨 발이 있어. 자네가 그린 발달린 뱀은 뱀이 아니야.' 했다는 군요.

당신은 위나라를 치고 제나라를 두려워하게 만들어 이미 충분히 공을 세웠소. 영윤인 당신이 더 이상 받을 관작은 없소. 더 욕심을 내다가 목숨이라도 잃는다면 뱀의 발을 그렸다가 술잔을 빼앗긴 자와 무엇이 다르겠소."

진진의 말을 귀담아 듣고 있던 소양은 고개를 끄덕이고는 군사를 거두었으며 사족이라는 고사성어가 생겨나게 되었다고 합니다.

사후약방문(死後藥方文)

死(사) 죽는다
後(후) 뒷
藥(약) 약
方(방) 방향
文(문) 글

　사후약방문은 조선 인조(仁組) 때의 학자 홍만종(洪萬宗)의 『순오지(旬五志)』에 나오는 말로 사람이 죽은 후에 아무리 좋은 약을 써도 소용이 없다는 말입니다. 이는 때가 지난 후에 대책을 세워도 소용없다는 의미로 말을 잃어버린 후에는 마구간을 고쳐도 소용없다는 뜻과 같습니다.

　따라서 어떤 일이 일어나기 전에 미리미리 근본적인 대책을 세워야 한다는 말입니다.

삼고초려(三顧草廬)

三(삼) 셋
顧(고) 돌아본다
草(초) 풀
廬(려) 농막집

삼고초려라는 말은 『삼국지(三國志)』의 〈제갈량전(諸葛亮傳)〉에 소개되는 말입니다. 촉한의 유비는 용맹스러운 장수는 거느리고 있었지만 지략에 뛰어난 사람이 없어 항상 고민하던 차에 한가로이 초가집을 짓고 은둔생활을 하는 제갈공명(諸葛孔明)이라는 사람이 뛰어난 지략가라는 말을 듣고 그를 찾아갑니다.

그런데 두 번을 찾아가도 그를 만나지 못하고 돌아오자 모든 사람들은 유비를 만류했는데, 제갈공명을 자기편으로 만들기 위해서는 어떤 일이든 해야 한다고 생각하고 또다시 그를 찾아갑니다.

제갈공명은 유비의 이같은 끈질긴 노력에 마음이 움직여 그를 돕기로 결심합니다.

이처럼 삼고초려는 유비가 제갈공명의 초가집에 세 번이나 방문한 데서 유래된 말로 인재를 구하기 위해 참을성 있게 노력할 때 사용하는 말입니다.

삼년부동불비불명
(三年不動不飛不鳴)

三(삼) 석   不(불) 아니다
年(년) 해   飛(비) 날다
不(부) 아니다 不(불) 아니다
動(동) 움직일 鳴(명) 울다

초장왕은 처음으로 임금이 되자 3년 동안 정사를 돌보지 않고 궁성 안에서 술과 음악과 여자로 세월을 보냈습니다.

그리고 "간하는 자가 있으면 사형에 처한다."라는 글을 써서 조문(朝門)에다 걸어 두었습니다.

하루는 대부 신무외(大夫 申無畏)가 한 가지 꾀를 생각해내고 궁으로 들어갔습니다.

초장왕이 신무외를 보고 간하는 사람은 죽는다는 현판을 못보았는가 하고 선수를 치자 신문외는 간하러 온 것이 아니라 수수께끼를 들려 드리려고 왔다면서 다음과 같이 말했습니다.

"남쪽 언덕에 오색이 찬란한 새가 날아와 앉은지 3년이 지났건만 그 새가 날지도 않고 울지도 않으니 도대체 그게 무슨 새이겠습니까?"

초장왕은 신무외가 새를 들어 풍간(諷諫)하는 뜻을 대뜸 알았습니다.

"3년을 날지 않았다 하니 한 번 날기만 하면 하늘을 찌를 것이며, 3년을 울지 않았다 하니 한 번 울기만 하면 반드시 사람을 놀라게 할 것이다. 알았으니 물러가라. 그건 나도 알고 있으니까."

〈삼년부동 불비불명(三年不動 不飛不鳴)〉이라는 유명한 고사는 여기서 만들어졌습니다.

그때부터 여러 달이 지나도록 초장왕의 주색은 여전했습니다. 이번에는 대부 소종(大夫 蘇從)이 나섰습니다.

소종은 초장왕 앞에 나아가서 덮어놓고 통곡했습니다. 초장왕이 슬피 우는 까닭을 묻자, 소종은 이제 자기는 임금에게 간하게 되어 죽을 몸인데 임금이 제 정신을 되찾기만 한다면 자기 한 몸 죽은들 무슨 여한이 있겠느냐면서 극간(極諫)했습니다.

소종은 이왕 죽을 바에야 하고 싶은 말이나 다 하고 죽을 작정이었기에 임금이 들어서 격분할 말도 서슴치 않고 다 했습니다.

한데 알고보면 사실은 초장왕이 3년 동안 괜히 허송세월한 것이 아니었습니다. 그는 3년 동안 날개가 완전히 여물기를 기다리면서 누가 간신이고 누가 충신인가를 살폈고, 또 정치는 어떻게 해야 하는가를 탐구했던 것입니다.

대부 소종이 죽을 각오를 하고 극간한 때를 기해서 초장왕은 드디어 자리를 박차고 크게 일어났습니다.

그는 먼저 음악을 금하고 여자를 멀리 했습니다. 아침 일찍 조회를 열어 법을 펴고 명령을 내렸습니다. 간신을 숙청하고 새인물을 등용했습니다.

　이렇게 되자, 백성들은 모두가 놀라고 기뻐하며 그의 선정을 환영했습니다. 대부 신무외와 소종이 국정에 참여한 것은 물론입니다.

　3년을 날지 않고 울지 않던 새가 그의 말대로 한 번 날더니 하늘을 찌르듯, 한 번 울더니 세상을 휘두르듯, 그의 눈부신 활약으로 마침내 그는 제환공(齊桓公)과 진문공(晉文公)에 이어 천하패권을 잡았습니다.

　그래서 이때부터 이 고사성어는 큰 일을 이루기 위해 때를 기다린다는 뜻으로 사용되고 있습니다.

새옹지마(塞翁之馬)

塞(새) 변방
翁(옹) 늙은이
之(지) 갈
馬(마) 말

새옹지마는 인간에게 있어서의 길흉화복은 도저히 알 수 없다는 뜻입니다.

『회남자(淮南子)』의 〈인간훈편(人間訓篇)〉에 보면 다음과 같은 이야기가 있습니다.

변방의 한 노인이 살고 있었는데 어느 날 그의 말이 도망쳐 오랑캐의 땅으로 들어갔습니다. 이에 사람들이 와서 위로해 주자 그 노인은, "이것이야말로 복이다." 라고 말했습니다.

과연 몇 달 후 도망쳤던 말이 오랑캐 소유의 준마를 데리고 돌아 오자 이번에는 사람들이 와서 축하할 때 노인이 다시 말했습니다.

"이것으로 인해 재앙이 올 것이다."

그의 집의 말들은 계속 새끼를 낳아서 늘어났고, 그의 아들은 말타기를 즐겼는데 어느 날 말에서 떨어져 다리가 부러지고 말았습니다.

그러자 노인은 다시 그것이야말로 복이라고 말했습니다.

그후 1년이 지났을 때 오랑캐가 요새를 침략하자 장병들이 모두 열심히 싸웠으나 거의 모두 죽게 되고 말았습니다. 그러나 노인의 아들은 다리가 부러졌기 때문에 싸움터에 나가지 않고 무사했다고 합니다.

즉 복이 재앙이 되기도 하고, 그런가 하면 재앙이 복으로 변하기도 하기 때문에 그 깊은 이치를 알 수가 없다는 것입니다.

새옹지마란 거기에서 비롯된 말입니다.

사람의 길흉화복은 예측할 수 없는 것이기 때문에 재앙을 슬퍼할 것도, 복을 기뻐할 것도 못된다고 할 때, 인간만사 새옹지마라는 말을 사용하는 것입니다.

세월부대인(歲月不待人)

歲(세) 해, 세월
月(월) 달
不(부) 아니다
待(대) 기다리다
人(인) 사람

이것은 흐르는 세월이 사람을 기다려 주지는 않는다는 뜻으로 사용되고 있는 말입니다. 또한 시간은 멈추지 않고 지나가기 때문에 단 1각이라도 헛되게 보내면 안 된다는 뜻을 가지고 있는 말이기도 합니다.

도연명(陶淵明)의 『잡시(雜詩)』에 다음과 같은 말이 나오는데, 세월부대인이라는 말은 바로 이 시에서 유래된 것입니다.

원기왕성한 나이는 또 다시 와 주지 않고,
새벽녘은 하루에 두 번 오지 않는다.
때가 왔을 때 마땅히 노력하도록 하라,
세월은 결코 사람을 기다려 주지 않는다.

이것은 젊음을 낭비하지 말고 마땅히 노력해야 하며, 그 이유는 세월이 사람을 기다려 주지 않기 때문이라는 뜻이 담겨져 있는 말입니다.

수즉다욕(壽則多辱)

壽(수) 목숨
則(즉) 곧
多(다) 많다
辱(욕) 욕될

이 말은 오래 살게 되면 거기에 따라 많은 욕을 당하게 된다는 뜻으로 풀이할 수 있습니다. 『장자(莊子)』의 〈천지편(天地篇)〉에 보면 다음과 같은 이야기가 나와있습니다.

요임금이 화산(華山)의 땅을 보기 위해서 갔을 때의 일입니다.
화산을 지키고 있던 말단관리가 말했습니다.
"아아, 성군이시여. 청하오니 오래오래 사십시요."
요임금은 사양하겠다고 말했습니다.
"그러면 부자가 되소서."
"그것도 사양하오."
"그러면 아들을 많이 두소서."
요임금은 그것도 사양했습니다.
"그것들은 모든 사람이 원하는 일인데 임금께서는 어찌하여 모두 마다하시옵니까?"

"아들이 많으면 근심이 많고, 부자가 되면 일이 많으며,
　수명이 길면 욕됨이 많은 법이요. 이 세 가지는 내가 덕을 기르는
이유가 아니기 때문에 사양하는 것이요."

이것은 사람의 지나친 욕심을 경계하는 교훈이 되는 말입니다.

순망치한(脣亡齒寒)

脣(순) 입술
亡(망) 망할, 없을
齒(치) 이
寒(한) 춥다

순망치한은 『춘추좌씨전(春秋左氏傳)』에 나오는 말입니다.

진나라는 괵나라를 정벌하기 위해 우나라에 길을 빌려 달라고 청원하며 많은 보물을 가져왔습니다. 진나라에서 괵나라로 가려면 우나라를 통과하지 않으면 안 되었기 때문입니다. 그러나 우나라의 궁지기(宮之奇)는 다음과 같이 말했습니다.

"괵나라가 망하면, 우나라도 반드시 망할 것입니다. 속담에 수레의 짐받이 판자와 수레바퀴는 서로 의지하며, 입술이 망하면 이가 다친다는 말이 있습니다. 이것은 곧 우나라와 괵나라를 두고 말한 것입니다."

그러나 진나라의 뇌물을 받은 우나라 왕은 궁지기의 말을 듣지 않았습니다. 결국 진나라는 괵나라를 공격하여 멸망 시켰을 뿐만 아니라 돌아오는 길에 우나라를 공격하여 멸망시켜 버렸습니다.

이처럼 한 쪽이 망하면 다른 한 쪽도 위태롭게 되는 관계를 순망치한 이라고 합니다.

식언(食言)

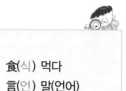

食(식) 먹다
言(언) 말(언어)

입 밖으로 낸 말을 다시 입안으로 먹어버린다는 뜻으로 자신이
한 말을 번복하거나 거짓말을 일삼는 경우에 하는 말입니다. 식언
이란 말의 가장 오래 된 유래는 『서경(書經)』의 〈탕서(湯書)〉에 나
오고 있는데, 좌전(左傳)의 애공(哀公) 25년에 나온 다음과 같은
이야기가 있습니다.

애공이 월나라에서 돌아온 6월의 일이었습니다. 대부인 계강자와
맹무백이 오오(五梧)라는 곳에까지 마중을 나와서 그곳에서 축하연
이 아주 성대하게 벌어지게 되었습니다.
그러나 애공은 이 두사람이 곽중을 내세워 자신을 비방하고 다녔
음을 알고 있었습니다. 그런데 그때 맹부백이 술잔을 들더니 곽중을
향해서, "살이 많이 쪘군 그래." 하고 말하자 애공은 "저 사람은 항
상 말(言)을 많이 먹으니(食) 살이 찔 수 밖에 더 있었나?"라고 말했

습니다.

이것은 바로 두 대부가 곽중을 내세워 거짓말을 하고 있음을 비꼬는 것이었습니다. 그와 함께 축하연은 엉망이 되고 말았고 애공과 두 대부의 사이도 그때부터 완전히 벌어지게 되었습니다.

입으로 한 말을 자신이 먹는다는 것이 바로 식언입니다. 즉 자기의 입에서 뱉은 말을 다시 넣는다는 뜻의 비유인데, 사람은 한번 말했으면 어떠한 일이 있어도 그것을 실행해야 된다는 교훈적인 비유이기도 합니다.

신출귀몰(神出鬼沒)

神(신) 신
出(출) 나타나다
鬼(귀) 귀신
沒(몰) 없어지다

이 고사성어는 행동이 귀신같이 나타나고 귀신같이 사라지는 것처럼 너무 신속하게 출몰하여 도저히 다른 사람이 그 소재조차 알 수 없다는 뜻으로 사용됩니다.

쌍주경천(雙柱擎天)

雙(쌍) 한쌍, 짝
柱(주) 기둥
擎(경) 들다
天(천) 하늘

쌍주경천이란 말은 두 기둥이 하늘을 떠받는다는 뜻을 가진 고사성어로써, 이는 안자와 전양저를 두고 일컫는 말입니다.

춘추시대 말기에 안자는 제나라의 정승으로서 지혜와 정략(政略)에 뛰어났고, 절검(節儉)과 역행(力行)을 실천한 인물이었습니다.

전양저는 군규(軍規)에 엄격한 사마(司馬)로서 "장수가 군에 있을 때는 임금의 명령도 받지 않을 경우가 있다."라는 병법을 행동으로 보인 참다운 장수의 귀감이었습니다.

이 두 사람이 힘을 함께 모아 제경공(齊景公)을 섬기며 정치를 잘 해 나갔으므로 두 기둥이 하늘을 떠받든 것과 같다고 했던 것입니다.

제경공은 이들에게 나라 일을 몽땅 쓸어 맡기고, 그야말로 팔자

가 늘어져서 날마다 사냥이나 하고 술이나 마시며 세월 좋게 지냈습니다.

어느 날 밤, 그날도 제경공은 궁중에서 모든 희첩(姬妾)을 거느리고 술을 마셨습니다. 그런데 웬일인지 영 기분이 나지 않았습니다.

제경공은 문득 정승 안자가 생각났습니다. 그래서 정승과 함께 그밤을 즐기려고 술과 음식을 안자의 집으로 옮기라고 분부했습니다.

안자는 상감의 행차가 온다는 선통(先通)을 받자 황급히 관복에 띠를 두르고 홀을 잡고 대문 밖으로 나갔습니다.

대문 밖에 어가(御駕)가 막 당도했는데 제경공은 아직 수레에서 내리기 전이었습니다.

"이 밤중에 어찌하사 신의 집까지 행차하셨습니까? 혹시 어느 나라에서 무슨 일이라도 일어났습니까? 또는 국내에서 무슨 변란이라도 일어 났습니까?"

"별로 그런 일은 없도다. 정승은 나라 일에 수고가 많아 과인이 좋은 술과 좋은 음식을 혼자 즐길 수 없어 함께 즐기고자 왔노라."

"청컨대 상감은 나라에 관한 일과 다른 나라 제후에 관한 일이 있거든 신과 함께 상의하십시오. 상감 좌우에 좋은 술과 좋은 음악을 함께 즐길 수 있는 사람이 많을 건인즉 신은 관여하고 싶지 않습니다."

안자의 말을 듣고보니 제경공은 무안했습니다. 이번에는 수레를 사마 양저의 집으로 돌렸습니다. 사마 양저도 상감의 행차가 온다는 선통을 받자, 곧 갑옷차림에 손에 창을 들고 대문 밖에 나가서 제경공의 수레를 영접했습니다.

"이 밤중에 어찌하여 신의 집까지 행차하셨습니까? 혹시 다른 나라에서 군사를 일으켜 우리 나라에 쳐들어 오고 있습니까? 또는 어느 대신이 반역이라도 했습니까?"

"그런 일은 없도다. 과인이 온 것은 다름 아니라 장군이 군무에 수고가 많은지라 좋은 술과 좋은 음악이 있기에 함께 즐기기 위해서이다."

"청컨대 적군을 막고 역적을 죽이는 일만 신을 불러서 상의 하십시오. 좋은 술과 좋은 음악을 함께 즐길 수 있는 사람은 상감 좌우에 얼마든지 있습니다. 어찌 갑옷을 입은 신하가 필요하겠습니까?"

제경공은 흥취를 잃으며 맥이 빠지고 말았습니다. 좌우의 신하들이 이제 그만 궁으로 돌아가길 권했으나 제경공은 그냥 돌아갈 수 없어서 대부 양구거의 집으로 가자고 분부했습니다.

양구거는 상감의 행차가 온다는 선통을 받자 상감의 수레가 대문 밖에 이르기도 전에 손으로 악기를 타며 '지화자 좋구나' 노래를 부르면서 한길까지 나가서 제경공을 영접했습니다.

제경공은 비로소 관(冠)과 겉옷을 벗고 양구거와 함께 술과 음악을 즐기다가 새벽에야 궁으로 돌아갔습니다.

이튿 날 아침. 정승 안자와 사마 양저가 궁으로 들어가서 제경공을 뵙고 간밤의 일을 사죄하는 한편, 앞으로는 밤중에 신하의 집에 찾아가서 즐기는 일이 없으시도록 간했습니다.

"그대들 두 분이 없다면 과인이 어찌 나라를 다스릴 수 있겠소. 그러나 만일 양구거와 같은 사람마저 없다면 과인은 무료해서 어찌리요. 과인은 결코 그대들의 직무를 방해하지 않을 터이니 그대들도 과인을 너무 간섭말아 주오."

정말로 재미있는 대목입니다. 임금이 대신들의 직무를 방해하지 않겠다고 남의 일을 말하듯 하며 좀 놀겠다고 어린애가 떼쓰듯이 하기도 합니다.

이것만 보더라도 그 당시 나라 살림이 얼마나 잘 돼가고 있었다는 것을 증명하고도 남습니다.

임금이 훌륭한 인재를 얻는다는 것이 나라의 크나큰 복임은 예나 이제나 다를 바가 없습니다.

사고무친(四顧無親)

의지할 데가 전혀 없다는 뜻입니다.

사반공배(事半功倍)

일은 반이고 공은 갑절이라는 말이므로, 적은 수고로 많은 공을
이룬다는 뜻입니다.

사통오달(四通五達)

여러 방면의 지식이 풍부하여 무엇이든지 척척 대답하는 사람을
말합니다. 또는 막힘없이 통하는 교통의 요지를 말합니다.

사통팔달(四通八達)

여러 곳으로 길이 열려 있어 매우 교통이 편리한 것을 일컫는 말
입니다.

사필귀정(事必歸正)

모든 일은 결국에는 반드시 바른 이치에 맞아 들어간다는 뜻입
니다.

산전수전(山戰水戰)

산의 싸움 물의 싸움, 즉 세상의 여러 가지 고생을 치르고 겪었다

는 말입니다.

삼인성시호(三人成市虎)

세 사람만 모이면 없는 범도 있는 것처럼 만들 수 있다는 말이므로, 근거없는 말이라도 여러 사람이 우기고 떠들면 곧이듣게 된다는 뜻입니다.

삼인행 필유아사(三人行 必有我師)

세 사람이 가는 곳에는 반드시 나의 스승이 있다는 말로서, 여러 사람이 모여 있는 곳에는 반드시 본받아 배울 만한 사람이 있으며, 만일 그렇지 않더라도 옳지 않은 행동을 하는 사람을 보고 그것을 본받지 않도록 해야 한다는 뜻입니다.

상가지구(喪家之拘)

주인이 죽어 제대로 얻어 먹지도 못하고 궁색하게 돌아다니는 초상집의 개를 일컫는 말이므로, 궁상맞은 초라한 모습으로 이곳 저곳 기웃거리며 얻어 먹을 것만 찾아다니는 행색을 뜻합니다.

상탁하부정(上濁下不淨)

윗물이 흐리면 아랫물도 깨끗하지 못하다는 말이므로, 윗사람이 바르지 못하면 아랫사람도 따라서 바르지 않게 된다는 뜻입니다. =윗물이 맑아야 아랫물도 맑다.

생자필멸(生者必滅)

살아 있는 것은 반드시 죽게 되어 있다는 말입니다.

선견지명(先見之明)
앞으로 닥칠 일을 미리 알아차리는 밝은 지혜를 일컫는 말입니다.

설상가상(雪上加霜)
눈 위에 서리가 더하였다는 말이므로, 불행한 일이 거듭하여 생긴다는 뜻입니다.

소탐대실(小貪大失)
작은 것을 탐내다가 도리어 큰 것을 잃게 된다는 말이므로, 눈앞의 작은 이익을 손에 넣으려고 하다가 크고 소중한 것을 잃고 만다는 뜻입니다.

송구영신(送舊迎新)
묵은 해를 보내고 새해를 맞는다는 뜻입니다.

수구초심(首丘初心)
여우는 죽을 때 제가 살던 언덕쪽으로 머리를 향한다는 말로서, 자기의 근본을 언제나 잊지 않는다는 뜻입니다.

수수방관(袖手傍觀)
소매에 손을 넣고 옆에 서서 구경만 한다는 말로서, 어떤 일을 보고 있으면서 조금도 도울 생각을 하지 않는다는 뜻입니다.

수어지교(水魚之交)
물과 물고기의 사이를 말하는 것으로, 물고기에게는 물이 없어서

는 안 되는 것처럼 잠시라도 따로 떼어 놓아서는 살아갈 수 없는 긴밀한 사이를 일컫는 말입니다. 임금과 신하의 관계를 뜻하는 말이기도 합니다.

수인사대천명(修人事待天命)
사람이 제 할 일을 다하고 난 뒤에 그 이상의 것을 하늘에 맡긴다는 뜻입니다.

수주대토(守株待兎)
나무 그루터기 밑에서 토끼를 기다린다는 말로서, 착각에 빠져 헛된 기대를 가지고 요행을 기다린다는 뜻이거나 낡은 관습만 고집함을 뜻합니다.

수청무대어(水淸無大魚)
물이 맑으면 물고기들이 숨을 곳이 없으므로 큰고기가 살지 않는다는 말이므로, 사람이 너무 똑똑하면 다른 사람들이 그를 두려워하고 피하여 벗을 사귀지 못한다는 것을 비유하는 말입니다.

승당입실(升堂入室)
마루를 지나 방으로 들어간다는 말이므로, 차츰 높은 수준으로 나아진다는 뜻입니다.

식소사번(食少事煩)
먹을 것은 적고 일은 많다는 말이므로, 수고는 하나 얻는 것은 적음을 일컫는 말입니다.

식자우환(識字憂患)

학식이 있기 때문에 오히려 걱정을 하게 되는 것을 말합니다. 즉, 모르고 있으면 괜찮을 것도 알게 되어 걱정을 하게 된다는 뜻입니다.

신상필벌(信賞必罰)

상을 줄 만하면 틀림없이 상을 주고, 벌을 줄 만하면 반드시 벌을 준다는 뜻입니다.

심기일전(心機一轉)

마음을 고쳐서 결심을 다진다는 뜻입니다.

십상팔구(十常八九)

열 가운데 여덟이나 아홉이라는 뜻이므로, 거의 다를 일컫는 말입니다.

십시일반(十匙一飯)

열 사람이 밥 한 술씩 보태면 한 사람 먹을 분량이 된다는 뜻입니다. 즉, 조그마한 도움이라도 여럿이 모이면 큰 도움이 된다는 말입니다.

암중모색(暗中摸索)

暗(암) 어두울
中(중) 가운데
摸(모) 본뜰, 더듬을
索(색) 찾다

이 말은 원래 어둠 속에서 손으로 더듬어 물건을 찾는다. 즉, 어린짐작으로 알아낸다는 의미의 고사성어인데, 세월이 흐르는 동안 상대가 모르게 몰래 무엇을 하거나 계획한다는 뜻으로도 사용되고 있습니다.

당나라 때의 재상이던 허경종(許敬宗)의 고사(故事)에 의하면 다음과 같은 이야기가 전해지고 있습니다.

어떤 사람이 그에게 기억력이 없다며 험담을 하자 허경종은 다음과 같이 말했습니다.

"그대처럼 생긴 얼굴이라면 기억할 수 없겠지만 만일 하손, 유효자, 심약 같은 대가라면 어둠 속에서 만난다 해도 손으로 더듬어서라도 알 수 있다네."

약관(弱冠)

弱(약) 약할
冠(관) 갓

약관이란 스무 살의 성년에 이르는 젊은 남자를 뜻하는 말인데, 스무살에 관례(冠禮)를 하는데서 나온 말입니다. 오경(五經)의 하나인 『예기』에 다음과 같이 나와있습니다.

사람이 태어나고서 10년이면 배우기 시작한다. 20세에 갓을 쓰고, 30세는 아내를 두어야 된다. 40세는 벼슬을 해야 되고, 50세는 관청과 정사에 참여한다. 60세는 일을 시키고, 70세는 늙었으므로 집안 일을 상속한다. 80세 이상은 7세와 마찬가지로 죄를 지어도 형벌을 가하지 않는다.

양상군자(梁上君子)

梁(양) 들보
上(상) 위에
君(군) 임금
子(자) 아들

　이응과 동시대 사람으로 역시 〈청류〉에 속하는 진식(陣寔)이라는 사람이 있었습니다.
　가난한 선비집안 출신으로 고장 태구현(太丘縣) 현령(면장)정도의 낮은 하급관리였지만 학식과 덕행이 있어 세상사람들의 존경을 받고 있었습니다.
　어느 해 기근이 심해 백성들이 도탄에 빠져 고생하고 있을 때 그의 집에 도둑이 들어 대들보 위에 숨어 있었습니다. 그 방에 들어오자 진식은 그것을 알았으나 내색을 않고 아들, 손자를 비롯한 온 가족을 불러들여 일장 훈계를 했습니다.

　"모름지기 사람이란 스스로 힘써 훌륭한 사람이 되도록 노력해야 하느니라. 더러 불선(不善)한 사람이 있지만 그 또한 본래부터 악한 게 아니다. 배우고 또 배우면 그것이 성품이 되는 즉 저 대들

보 위에 있는 사람(양상군자 梁上君子)도 바로 그런 사람이니라."

　숨을 죽이고 숨어 있던 도둑은 그 말에 그만 놀라 뛰어 내려와 잘못 했다고 백배 사죄하고 벌을 청했지만 진식은 용서했을 뿐 아니라 비단 두 필을 내주고 잘 타일러 보내 주었습니다.

　여기서 양상군자란 도둑을 점잖게 미화한 말입니다.

양예일촌득예일척
(讓禮一寸得禮一尺)

讓(양) 사양하다	得(득) 얻다
禮(예) 예의	禮(예) 예절
一(일) 하나	一(일) 하나
寸(촌) 마디	尺(척) 자, 법

제아무리 착하고 어진 사람이라도 일단 남에게서 멸시를 당하고 보면 마음이 기꺼울 수 없는 것이 인간임을 구태여 밝힐 필요는 없겠지요.

특히 춘추전국시대를 살아간 사람들은 원한을 풀거나 은의(恩義)에 보답하는 데 있어서 매우 격정적(激情的)이고 전시적(戰時的)이었습니다.

은혜를 갚기 위해 선뜻 목숨도 내놓았는가 하면, 남에게서 모욕을 당하면 반드시 보복을 했습니다. 그냥 넘어가는 일이 별로 없었습니다.

춘추시대 때, 제(濟)나라의 제경공(齊頃公)이 자기 나라에 온 사신들을 무시하고 좀 별난 장난질을 했다가 전쟁까지 불러들인 일이 있었습니다.

진(晉)나라의 대부 극극이 노(魯)나라에 친선하러 갔다가 그 길로 다시 제나라에 친선을 도모하러 가게 되었습니다.

이에 노나라의 대부 계손행부(季孫行父)도 노후(魯侯)의 분부를 받고 친선차 극극과 함께 제나라로 떠나갔습니다.

이들이 제나라 교외에 이르자 역시 친선차 제나라로 오던 위(衛)나라 대부 손량부와 조(曹)나라 대부 공자수와 우연히 만나게 되었습니다.

제경공은 이 네 나라의 사신을 한 자리에서 접견하게 됐는데, 그는 이들을 번갈아 바라보다가 '세상에는 정말 별 재미나는 일도 다 많구나' 하고 생각하며 터져나오는 웃음을 가까스로 참았습니다.

진나라의 극극은 애꾸눈이요, 노나라의 계손 행부는 털 하나 없는 대머리요, 위나라의 손량부는 절름발이요, 조나라의 자수는 곱추였기 때문이었습니다.

이 일을 제경공이 홀로 계신 국모인 어머니 소태부인(蕭太 夫人)에게 그 일을 말했더니 소태부인은 믿지 않고 기어이 한 번 보겠다는 것이었습니다. 문제는 그래서 크게 벌어지고 말았습니다.

그 당시 외국에서 사신이 오면 공적인 잔치와 사적인 잔치를 차려서 대접하는 것이 예법이었습니다.

그리고 잔치 자리에 사신을 모셔 오는 수레라든가 그 수레를 끄는 어자(御者)는 반드시 잔치를 베푸는 나라 쪽에서 제공하는 법이었습니다.

제경공은 오로지 소태 부인을 한 번 즐겁게 해 드리겠다는 생각뿐이었습니다. 그래서 그는 신하들의 간곡한 만류에도 불구하고 백성들 중에서 애꾸눈과 대머리와 절름발이와 곱추를 골라서 잔치 자리에 참석하는 네 나라 사신의 수레를 몰게 했습니다.

그래 놓고 소태부인에게 그들이 종대(宗臺) 밑을 지나 궁에 들어올 때, 종대 위에 방장(房帳)을 드리우고 그 틈으로 내다보시라고 했습니다.

애꾸눈인 극극은 수레를 모는 어자가 애꾸눈인 것을 보고 처음에는 우연한 일일 것이라고 생각했습니다. 다른 세 나라의 사신들도 각각 어자가 자기처럼 대머리요 절름발이요 곱추였으나 역시 우연일 거라고 생각하며 별로 개의치 않았습니다.

그러나 한 쌍의 애꾸눈과 한 쌍의 대머리와 한 쌍의 절름발이와 한 쌍의 곱추가 종대 밑을 지나갈 때 소태부인은 이 괴상한 행렬을 보고 자기도 모르게 크게 웃고 말았습니다.

그러니 어찌 되었겠습니까. 그제서야 희롱임을 알게 된 네 나라 사신들의 분노는 대단했습니다.

이들은 서로 짐승의 피를 입술에 바르고 장차 그 모욕의 댓가를 치르게 하겠다고 맹세했습니다. 그리고 제경공에게 하직 인사도 하지 않고 각기 본국으로 돌아가 버렸습니다.

'독(毒)을 마시면 접시까지 먹는다' 라는 말이 있습니다. 드디어 네 나라의 연합군은 크게 일어났습니다. 연합군의 기세는 그야말로 구름을 날리고 안개를 일으키듯이 했는데 곧장 제나라로 쳐들어 왔습니다.

제나라가 어떻게 이 살기등등한 연합군을 막아낼 재간을 가지고 있었겠습니까. 항복하고 화평을 청할 수밖에 달리 길이 없었습니다.

연합군의 화평조약이 영 만만치 않아 여러 번 벽에 부딪혔다가 결국 성립이 되긴 했으나 이 전쟁으로 인한 제나라의 손실은 막대한 것이었습니다.

『손자병법(孫子兵法)』의 첫 장에 보면 〈전쟁은 나라의 중대한 일이다. 백성의 생사와 국가의 존망이 달려있다.〉라고 했습니다.

전쟁이란 이처럼 무서운 것으로서 역대의 병법가들은 한결같이 전쟁은 하지 말아야 한다고 경고했습니다.

제경공은 예의를 우습게 알고 건방지게 놀다가 공연히 필요도 없는 전쟁을 불러들여 막중한 군사와 백성들의 재산만 날린 결과를 초래했던 것입니다.

더구나 불구자를 업신여기고 그 불구한 부분을 이용하여 장난질을 했다는 것은 인간적으로도 도저히 받아들일 수 없는 망동이었습니다.

불구자의 비애를 아파 할 줄 모르는 사람이 어떻게 만백성의 군주로서 덕치를 할 수 있겠습니까.

예를 잃으면 전쟁도 일어난다는 것은 지금이라고 없으란 법이 없습니다. 흉기를 들고 싸우는 것만이 전쟁이 아닙니다. 필전(筆戰) 설전(舌戰)도 하나의 전쟁임에 틀림 없습니다.

옛말에 "양예일촌득예일척"이라는 것이 있습니다. 내가 한 치만큼 양보하면 저쪽에서는 한 자만큼 더 크게 양보하니, 오고가는 양보에 예(禮)가 저절로 생긴다는 뜻입니다.

어부지리(漁父之利)

漁(어) 고기
父(부) 지아비
之(지) 갈
利(리) 이익

이 고사성어는 다른 사람들이 서로 싸우는 상태 때문에 덕을 보는 경우를 뜻하는 말입니다.

전국시대의 이야기입니다.

당시 벼슬길에 오르지 못한 지식인들은 어느 나라의 권세있는 사람의 집에 식객이 되어 자신의 출세를 도모하는 것이 상식이었습니다. 이들을 일컬어 설객(說客) 또는 책사(策士)라고 부르는데 그 중에 소진과 장의 두 명이 대표적인 인물이라고 할 수 있었습니다.

소진의 아우인 소대 역시 형에게 배워 설객이 되었는데 주로 연나라와 제나라에서 활약했습니다. 모든 면에서 형 소진에 비하면 아직 부족한 편이었지만, 또 다른 면에서는 형을 능가하기도 했습니다.

전국책(戰國策)에 보면 그의 재주에 대해서 다음과 같이 기록하고 있는데, 거기에서 바로 어부지리라는 말이 나오게 되었다고 합니다.

조나라가 연나라를 치려고 할 때 소대가 연나라를 위해 조나라의 혜왕을 찾아가 이렇게 말했습니다.

"이번에 제가 이쪽으로 올 때 역수(易水)를 건넜습니다. 그때 커다란 조개가 속살을 드러낸 채 햇볕을 쪼이고 있었습니다. 그런데 물총새가 와서 조개의 살을 쪼아 먹으려고 했습니다.

그러자 조개가 껍질을 닫아 물총새의 부리를 물었습니다.

그때 물총새가 조개에게 "오늘이나 내일 비가 안 온다면 너는 죽은 조개가 되고 말 것이다."하고 말했습니다. 그러자 이번에는 조개가 물총새에게 "오늘이나 내일 비가 오지 않는다면 너야말로 죽은 물총새가 될 것이다."하고 말하며 양쪽 모두 양보하지 않았습니다. 결국 그들은 어부에 의해 모두 잡히고 말았습니다. "지금 조나라는 연나라를 치려 하고 있는데 연나라와 조나라가 서로 싸워 백성들을 못살게 만들어 놓을 경우 강력한 진나라가 역수의 어부처럼 되지 않을까 심히 걱정되는군요. 왕께서는 그것에 대해서 깊이 생각하신 뒤에 일을 처리하심이 옳을 것으로 압니다."

그와 같은 소대의 말을 들은 조나라의 혜왕은 과연 깨우친 바가 있어 "과연 그대의 말이 옳다."하고 말하며 연나라에 대한 공격을 취소시켰다고 합니다.

역부지몽(役夫之夢)

役(역) 부리다
夫(부) 사내
之(지) 갈
夢(몽) 꿈

글자 그대로 일꾼의 꿈. 낮에는 힘든 일에 시달리지만 밤에는 임금이 된다는 일꾼의 꿈을 말합니다. 부와 영화도 꿈처럼 덧없는 것이라는 비유입니다.

주나라에 윤씨라는 부자가 있었습니다. 그는 많은 일꾼을 거느리고 있었는데 그 중의 한 늙은 일꾼도 새벽같이 일어나 밤늦게까지 뼈빠지게 일했습니다. 기력이 다한 나이인데도 쉴 겨를은 조금도 주어지지 않았습니다.

그러다 보니 밤만 되면 녹초가 되어 잠에 떨어질 수 밖에 없었습니다.

늙은 일꾼은 매일 밤마다 꿈을 꾸었습니다. 그 꿈은 이상하게도 자신이 임금이 되는 꿈이었습니다. 밤만 되면 그는 한 나라의 만백성 위에 군림하는 임금이 되는 것이었습니다.

나라를 다스리는 한편 궁전에서 주연을 베풀어 마음껏 마시고 산해진미를 즐겼습니다.

그러다가 잠이 깨면 한낱 일꾼이 되어 힘든 일에 시달려야 했습니다.

어떤 사람이 측은히 여겨 위로의 말을 해 주자 늙은 일꾼은 이렇게 말했습니다.

"사람의 일생중 반은 낮이고 반은 밤입니다. 나는 낮에는 남의 집에 매인 일꾼의 몸이어서 괴롭고 고단한 신세지요. 하지만 밤에는 꿈에서 임금이 된답니다. 그 즐거움은 무엇에도 비길 수 없습니다. 그러니 무엇을 원망하겠습니까."

한편 주인 윤씨는 떵떵거리며 윤택한 생활을 하면서 지냈지만 많은 재산을 관리하려다 보니 마음은 그리 편치 않았습니다. 밤에 눈을 붙였다 하면 영락없이 꾸는 꿈에서 그는 남의 집 일꾼이 되었습니다. 힘겨운 일에 시달리다가 아침이 되어 눈을 뜨면 그제서야 고통에서 해방될 수 있었습니다. 그 괴로움을 친구에게 털어놓자 친구는 말해 주었습니다.

"꿈 속에서 남의 일꾼이 되어 받는 고통은 낮에 누린 즐거움의 대가가 아니겠는가? 윤씨는 친구의 말을 듣고 깨달은 바가 있어 마음을 편히 가지며 일꾼에게도 잘 대해 주었다고 합니다. 그러자 괴로운 꿈도 사라졌다고 합니다."

영서연설(郢書燕說)

郢(영) 땅이름
書(서) 글
燕(연) 나라이름
說(설) 말씀

　영은 춘추전국시대의 중국 남방(오늘 날의 호북성)에 있던 초나라의 수도, 연은 오늘 날의 북경(베이징)을 수도로 한 북방의 나라. 그러니까 영에서 온 편지를 연나라식으로 풀이한다는 뜻으로 억지로 발라맞추어 그럴듯하게 하는 해설을 말합니다.

　영에 사는 어떤 귀인이 연나라의 재상에게 편지를 써서 보내려고 했습니다. 마침 해가 저물어 어두웠으므로 등불을 들고 있는 하인에게 "촛불을 좀 더 들어올리라."고 말했습니다. 그러자 귀인이 구술하는 것을 받아 쓰고 있던 서기가 이 말도 편지의 한 대목인 줄 알고 "촛불을 좀 더 들어올리라."라고 써 넣었습니다. 물론 편지의 문맥과는 아무런 관련이 없는 뚱딴지 같은 문구였습니다.

　그리고 그 편지는 그대로 연나라로 띄워졌습니다. 편지를 받아 본 연나라의 재상은 고개가 갸웃거려 질 수 밖에.

"촛불을 좀 더 들어올리라." 이게 무슨 뜻인가. 한참 생각하던 연나라의 재상은 어느 순간 무릎을 치며 크게 기뻐했습니다.

"옳거니, 이거야말로 나라를 다스리는 요체다. "촛불을 들라"는 말은 바로 광명을 존중하라는 말이고 그것은 재능과 덕이 있는 현자를 등용하여 요직(要職)을 주라는 뜻이렸다. 참으로 깊은 뜻이 있는 말이로군." 연나라 재상은 이렇게 생각하고 현자의 등용을 왕에게 적극 진언했습니다. 왕도 기꺼이 현자 등용 정책을 받아들였고 즉각 실행에 옮겨졌습니다.

그랬더니 나라가 잘 다스려졌다고 합니다.

『한비자』의 저자 한비는 이 이야기를 쓰고는 뒤에다 "효과는 있었지만 편지의 뜻은 그렇게 아니었다. 요즘의 학자들이 대개 이러하다."고 덧붙였습니다. 한비는 선현들의 저작이나 언행을 제멋대로 해석하고 편리한 대로 끌어다 붙이는 당시 학자들의 풍조를 따끔하게 꼬집은 것이었습니다.

영서연설은 결과가 좋았기에 망정이지 제멋대로 잘못된 풀이는 잘못된 결과를 가져올 수도 있습니다."

오고대부(五羖大夫)

五(오) 다섯
羖(고) 검은암양
大(대) 큰
夫(부) 사내

　백리해(百里奚)는 춘추시대 때, 진(奏)나라 진목공(秦穆公 : 기원
전 6세기)의 훌륭한 재상이었습니다.

　그가 진목공을 섬긴 지 7년만에 진나라로 하여금 패업을 이루게
했으니 진목공은 바로 저 춘추오패의 한 사람입니다. 백리해는 원
래 우(虞)나라 사람이며. 그가 진목공을 만났을 때의 나이는 70여
세였습니다. 그만큼 늦도록 불우했습니다.

　백리해와 진목공(秦穆公)이 처음으로 만나서 오고간 대화라든
가 또 그가 어째서 오고대부(五羖大夫)라는 별명을 갖게 됐는가의
내력은 꽤 유명합니다.

　이 이야기를 하자면 먼저 백리해의 지난 날을 짤막하게 밝히지
않으면 안 됩니다.

　백리해는 젊었을 때, 집안이 하도 가난하여 아내 두(杜)씨와 아
들을 고향에 남겨놓고 벼슬길을 찾아 열국(列國)을 두루 헤맸습니

다. 제(齊)나라에 갔을 때는 문전걸식까지 했습니다.

거기서 건숙이라는 현인을 만나 그의 주선으로 고국에 돌아가 우공을 섬겨 중대부(中大夫)가 됐으나 우나라가 진(晉)나라에게 멸망당하자 우공과 함께 진나라로 끌려갔습니다.

진헌공(晉獻公)이 백리해의 인품을 존경하고 그에게 벼슬살기를 권했으나 백리해는 우공과의 의리를 생각하고 거절했습니다.

그러자 백리해를 괘씸하게 여겼던 진나라의 신하가 때마침 진헌공(晉獻公)의 딸 백희(伯姬)가 진(秦)나라 진목공(秦穆公)에게 시집가는 그 행차의 종으로 백리해를 딸려 보냈습니다.

백리해는 하도 기가 막혀서 가는 도중에 초(楚)나라로 탈출, 초왕(楚王)의 분부로 어인(御人)이 되어 동해(東海)에 가서 말을 기르고 있었습니다.

한편 진목공이 신부를 따라온 남자종 명단을 보니 백리해가 있는데 본인이 없었습니다. 그래서 백리해를 아는 한 신하에게 물어본즉 "백리해는 창업지주(創業之主)를 보좌할 만한 재주를 가지고 있으나 다만 지금까지 불우했습니다."라고 아뢰었습니다.

백리해가 동해에서 말을 기르고 있다는 것은 초나라가 아직 그의 인물을 모르고 있음을 증명하는 것이었습니다.

그래서 진목공은 많은 폐백(幣帛)을 주고 백리해를 달라고 하면 눈치챌까 보아 염소 가죽 다섯 장을 초왕에게 보내면서 도망간 죄인을 보내 달라고 요청했으며 초왕은 별 생각없이 그를 선선히 내주었습니다.

진목공은 백리해를 영접하고 보니 뜻밖에도 백발이 성성한 늙은이여서 크게 실망했습니다. 그래서 첫마디로 금년 연세가 몇이 냐고 물었습니다.

"겨우 70입니다."하고 여유있게 대답했으나. 진목공은, "아깝구나, 너무 늙었도다."하고 탄식했습니다.

"제게 나는 새를 쫓아 다니라든가 맹수를 잡아오라면 늙어서 쓸모가 없겠지만, 제게 앉아서 하는 일을 맡아보게 한다면 아직 젊습니다. 옛날 문왕(文王)은 80고령의 강태공을 만나 상부로 삼고 마침내 주(周)나라를 세웠습니다. 오늘 제가 군후를 뵈온 것과 그때 문왕과 강태공이 만났을 때를 비교하면 저는 아직 10년이나 젊습니다. 진목공은 백리해와 3일 낮, 3일 밤을 계속해서 천하대세를 논했습니다.

백리해의 말은 청산유수였고, 탁월한 식견에다 어찌나 조리가 정연하던지 진목공은 그저 감탄할 수 밖에 없었습니다.

드디어 진목공은 백리해에게 상경(上卿) 벼슬을 내렸습니다. 그러나 백리해는 사양하고 자기 대신 지난 날의 은인 건숙을 천거했습니다.

결국 진목공은 건숙을 우서장(右庶長)으로 백리해를 좌서장(左庶長)으로 삼고 이 두 늙은이에게 나라를 몽땅 맡겼습니다.

그 결과, 나라는 크게 발전하여 불과 몇 해 가지 않아 마침내 패업을 이루게 됐던 것입니다. 그 당시 진나라 백성들은 백리해를 별칭 오고대부라고 불렀습니다.

아무 것도 아닌 다섯 장의 양(羊)가죽과 교환해서 얻게 된 훌륭한 재상이었기 때문입니다.

오리무중(五里霧中)

五(오) 다섯오
里(리) 마을, 리수
霧(무) 안개
中(중) 가운데

오리무중이란 말은 『후한서(後漢書)』의 〈장해전편(張楷傳編)〉에서 비롯된 고사성어입니다.

후한 중기의 사람인 장해라는 사람은 학문 뿐만 아니라 도술도 능했지만 벼슬을 마다하고 산속에서 살았습니다.

그의 도술 중에는 안개를 일으키는 것이 있었는데 능히 5리는 안개를 만들 수 있었습니다. 그때 관서 사람인 배우라는 사람도 또한 능히 3리의 안개를 일으킬 수 있었습니다. 그러나 그는 장해에게는 미치지 못한다고 생각해 그의 제자가 되려고 그를 찾아갔습니다. 그러나 장해는 안개를 일으켜 숨어 버리고 말았습니다.

그래서 이를 두고 오리무중이란 말이 생겼습니다.

요즈음은 어떤 일에 단서가 없고 어찌하면 좋을지 모르는 경우에 오리무중이라는 말을 사용합니다.

오십보백보(五十步百步)

五(오) 다섯
十(십) 열, 십
步(보) 걸음
百(백) 백
步(보) 걸음

『맹자』의 〈양혜왕편(梁惠王篇)〉에 보면 다음과 같은 이야기가 실려 있습니다. 그것은 맹자가 주장한 왕도정치론(王道政治論)을 고취시키기 위해 유세차 갔던 양나라의 혜왕과 나눈 문답이기도 합니다.

어느 날 혜왕이 맹자에게 다음과 같이 말했습니다.
"나는 나라의 일에 대해 나름대로 정성을 쏟고 있습니다. 하내(河內)에 흉년이 들면 그 곳의 백성들을 하동(河東)으로 옮긴 다음 하동의 쌀을 하내로 옮기도록 했습니다. 하동에 흉년이 들어도 역시 같게 했습니다. 그러나 이웃나라의 형편을 보면 나만큼 정성을 쏟지 않는 듯합니다. 그럼에도 불구하고 이웃 나라의 백성들이 줄어들지 않을 뿐더러, 나의 백성들도 또한 늘어나지 않는데 그 이유는 무엇입니까?"
맹자가 대답했습니다.

"왕께서 싸움을 즐기시니 싸움에 비유하여 말씀드리도록 하겠습니다. 북소리가 요란하게 울리고 이미 병사들이 칼을 맞대게 되었습니다. 갑옷을 버린 채 병사들을 이끌고 도망을 치는데, 어떤 자는 백 보를 도망치다가 그치는가 하면 5십 보를 도망치다가 그치기도 했습니다. 그럴 때 5십 보 도망친 사람이 백 보 도망친 사람을 향해 더 많이 도망쳤다고 비웃으면 어떻게 되겠습니까?"

"그거야 5십 보밖에 도망치지 않았다고 해도 도망친 것은 역시 마찬가지가 아니겠습니까."

"맞습니다. 왕께서 그와 같은 이치를 알고 계신다면 이웃나라보다 백성이 많아질 것을 원하지 마시기 바랍니다."

맹자는 양혜왕의 정치가 다른나라와 오십보백보의 차이일뿐 임을 이야기한 것입니다. 그리고나서 진정으로 다른 정치를 위한 맹자의 왕도정치론을 설명하였습니다.

이 이야기에서 사실상 같은 정도의 작은 차이라는 의미의 오십보백보라는 말이 생겨나게 된 것입니다.

오월동주(吳越同舟)

吳(오) 오나라
越(월) 월나라
同(동) 한가지, 같은
舟(주) 배

　기사회생이라는 고사성어에서 살펴 보았듯이 오나라와 월나라는 대를 이는 원수 관계를 맺고 있었습니다. 그래서 오나라 사람과 월나라 사람은 서로가 미워하지만, 손자는 "그들이 같은 배를 탄 다음 건널 때 폭풍을 만나게 되면 서로 상대를 구해 주는 것이 마치 양쪽 손과 마찬가지이다."라고 말하였습니다.

　바로 이 이야기에서 원수도 어려운 상황에서는 협력하게 된다는 오월동주라는 고사성어가 생겨나게 된 것입니다.

온고이지신(溫故而知新)

溫(온) 따뜻하다, 익히다
故(고) 예전의
而(이) 말 이을
知(지) 알다
新(신) 새것

　이것은 옛것을 익혀 거기에서 새로운 지식을 얻는다는 뜻으로
사용되는 고사성어입니다.
　『논어』의 〈위정편〉에는 공자의 다음과 같은 이야기가 나와 있습
니다.

　　옛것을 익혀 새로운 것을 알게 되면, 가히 스승이 될 수 있다.
　　(온고이지신가이위사의 溫故而知新可以爲師矣)

　다시 말해서 온(溫)은 읽어서 익힌다는 뜻이며, 처음에 배운 것
을 익힌 다음 다시 반복해서 익히는 것을 온고(溫故)라고 하는 것
입니다.

와신상담(臥薪嘗膽)

臥(와) 눕다
薪(신) 풀섶
嘗(상) 맛보다
膽(담) 쓸개

이 고사성어는 오나라의 왕 부차와 월나라의 왕 구천의 고사(故事)에서 비롯된 말인데, 원수를 갚기 위해서 스스로 쓰라린 고통을 겪을 때 사용하는 단어입니다.

기사회생이라는 고사에서 보았듯이 오나라왕 부차는 아버지인 합려가 월나라왕 구천에게 죽자 복수를 다짐하였는데 그는 장작더미 위에서 자며(와신臥薪) 사람들이 들어 올 때마다 "부차야 아비의 원수를 잊었느냐?"라도 말하도록 시켰습니다. 결국 복수에 성공하였지만 부차는 구천을 죽이지 않고 노비로서 살게 하였습니다. 하지만 기사회생한 구천은 잠자리에 쓸개를 매달고 쓴맛을 핥아 먹으며(상담嘗膽) "너는 회계산의 치욕을 잊었느냐!"며 복수를 다짐했다고 합니다. 결국 구천은 부차를 공격하여 부차를 죽여버리고 말았습니다.

　그래서 원수를 갚으려 모진고초를 참고 견디는 것을 사람들은
부차의 와신과 구천의 상담을 합쳐 와신상담이라 하였습니다.

완벽(完璧)

完(완) 완전하다
璧(벽) 둥근 옥

완벽이란 말은 앞에서 소개한 바 있는 『사기(史記)』의 〈인상여전(藺相如傳)〉에 나오는 말입니다.

조나라의 혜문왕은 당시 천하 제일의 보물로 알려진 화씨벽(和氏璧)을 우연히 손에 넣게 되었습니다. 그러자 이 소문을 들은 진나라 소양왕이 성 열다섯과 화씨벽을 맞바꾸자고 요청하여 왔습니다.

진나라의 속셈은 뻔한 것이었습니다. 구슬만 받아 쥐고 성은 주지 않을 것이 분명하였으나, 그렇다고 거절하면 강국인 진은 무슨 트집을 잡을 것이 분명하였습니다.

왕이 난처하게 되자 유현이 그의 식객으로 있는 인상여를 소개하였습니다.

그는 왕이 대책을 묻는 말에 "신이 구슬을 가지고 가겠습니다.

성이 조나라로 들어오면 구슬은 진나라에 두고, 성이 들어오지 않으면 신은 완전한 구슬을 조나라로 가지고 돌아오겠습니다(신청 완벽귀조 臣請完璧歸趙)."라고 대답하였습니다.

그는 구슬을 가지고 진나라에 갔다가 완전한 구슬을 다시 가져 왔습니다.

이 일로 해서 흠이 없는 구슬이라는 뜻의 완벽은 완전 무결한 것 이라는 의미로 사용됩니다.

요령부득(要領不得)

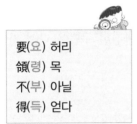

要(요) 허리
領(령) 목
不(부) 아닐
得(득) 얻다

이 말은 『사기(史記)』의 〈대원전(大宛傳)〉에 실려있는 이야기에서 생겨 나온 성어입니다.

한나라의 무제(武帝)는 즉위하자마자 대월씨국(大月氏國)과 손을 잡고 숙적인 흉노(匈奴)를 공격하기로 작전을 세웠습니다.

그 즈음, 대월씨국으로 가기 위해서는 흉노의 세력권을 통과해야만 되었는데, 사방에서 적당한 인물을 모색한 결과, 장건이라는 젊은 사람이 적임자로 선택되었습니다.

그리하여 백여 명의 시종들을 거느리고 대월씨국으로 가던 장건은 도중에서 흉노에게 포로가 되고 말았습니다. 그 곳에서 10년이 넘도록 억류된 장건은 흉노의 여자와 살면서 아들까지 낳게 되었습니다. 그러나 사명감은 잊지 않았습니다.

결국 10년이 지난 뒤 흉노에서 탈출하여 대원국(大宛國)에 도달하게 되었습니다.

당시 한나라와의 교류를 희망하고 있던 대원국에서는 즉시 안내자를 붙여 장건으로 하여금 대월씨국으로 무사히 가도록 해 주었습니다.

그때는 흉노족에게 대월씨국의 왕이 죽임을 당해 태자가 즉위하고 있었습니다. 새로운 왕은 기름진 땅에서 만족하게 살고 있었습니다.

거기에다 구태여 멀리 떨어져 있는 한나라와 교류를 맺을 필요성을 느끼지 않았고, 그러다 보니 선왕(先王)을 죽인 흉노족에 대한 복수심도 희미해져 가고 있었습니다.

결국 대월씨국과의 동맹은 실패하였는데 사마천의 사기에는 이를 "요령부득(要領不得:허리나 목 같은 중요 부분을 잡지 못하다)"이라 하였습니다. 그러나 장건은 그때 각 처를 돌아다니며 서역문명을 널리 익힐 수 있었으며 그것에 대한 소개자로 청사에 이름을 빛냈습니다.

이처럼 요령부득은 중요한 부분을 얻지 못하다는 의미이지만 특히, 말이나 글의 주요내용이 파악되지 않는다는 뜻으로도 많이 사용되고 있습니다.

월하빙인(月下氷人)

月(월) 달
下(하) 아래
氷(빙) 얼음
人(인) 사람

이것은 남자와 여자의 인연을 맺도록 해 주는 사람을 뜻하는 월하인과 빙상인에서 비롯된 말입니다.

그 중 월하옹(月下翁)이 등장하는 정혼점(定婚店)이라는 이야기를 소개 하겠습니다.

위고는 장안 교외의 두릉이라는 곳에 살던 사람으로 그가 여행을 하던 중, 송성(宋城)의 남쪽마을에 머물고 있을 때였습니다. 어떤 사람이 지방 군주의 딸과의 혼담을 제의하여 다음 날 동틀무렵 마을 서쪽의 용흥사(龍興寺) 문전에서 만나기로 했습니다.

이튿 날 동틀 무렵 그는 약속한 장소로 갔지만 상대는 아직 와 있지 않고 한 노인이 돌계단에 앉아 책을 읽고 있었습니다. 언뜻 보니 그 책은 지식이 풍부하다고 자처하던 그조차 전혀 알 수 없을 정도로 어려운 내용이었습니다.

그는 의아해 하며 노인에게 다가가 물었습니다.

"무슨 책입니까?"

"속세의 책이 아닐세. 이것은 명계(冥界)의 책이지."

"그렇다면 당신은 명계인이시군요. 그런데 이 책이 어떻게 여기에 있습니까?"

"우리 명계인들은 세상 사람들을 관리하기 때문에 세상에 나올 수밖에 없다네. 지금 시간에 밖에 있는 사람은 거의가 명계인이지만 구별을 할 수 없을 뿐이라네."

"그럼 당신께서는 어떤 일을 하십니까?"

"세상 사람들을 혼인시키고 있네."

그러자 위고는 군주 딸과의 혼인이 이루어질 수 있겠느냐고 물었습니다.

"그 결혼은 안돼! 당신의 아내는 지금 세 살이야. 열일곱 살이 되면 당신한테 시집을 올 거야."

노인은 빨간 끈을 가지고 있었는데 부부의 발을 묶는 것이라고 했습니다.

사람이 태어나면 재빨리 빨간 끈으로 발을 묶는다는 것이었습니다.

그렇게 묶어놓으면 그들이 아무리 원수지간이라고 해도, 또한 수백리나 떨어진 먼 곳에 살고 있어도 어김없이 혼인을 하게 된다는 것이었습니다.

또한 노인은 위고에게, "당신의 아내될 사람은 북쪽에서 채소장사를 하는 진(陳) 노파의 딸이라네."하고 말해 주었습니다.

바랐던 혼담이 깨지고 비천한 가문의 여자와 혼인하게 될것이라는 말에 화가난 위고는 노인에게 그 여자 아이를 볼 수 있겠냐고 물었습니다.

"어렵지 않은 일일세."

그러다 보니 날이 밝았는데 정말로 혼담을 제의한 사람은 오지 않았습니다.

위고는 할 수 없이 노인을 따라가게 되었는데, 이윽고 노인은 남루한 노파의 품에 안긴 세 살짜리 여자아이를 가리키며, "저 아이가 당신의 아내라네." 하고 말하자 노인의 말이 전부 현실이 될까 걱정된 위고는 "그렇다면 차라리 저 아이를 죽여버리고 싶군요."라고 말했습니다.

"그럴 수 없네."

"어째서죠?"

"저 아가씨는 복을 타고 났어. 아들 덕택에 영지(領地)까지 받을

테니 말일세."

그렇게 말한 노인은 홀연히 사라졌습니다. 그러자 위고는 노인의 말을 무시하고 하인에게 그 소녀를 죽이고 오면 1만 냥의 큰 돈을 주겠다고 말했습니다.

하지만 하인은 소녀를 찌르다가 잘못되어 가슴이 아닌 얼굴을 찌르게 되었는데, 그로부터 14년이 지난 다음 위고는 상주(相州)의 관리자리에 앉아 있었습니다.

이후 다시 장관자리에 오른 위고는 군(郡)의 태수 딸과 혼인을 하게 되었는데. 17세의 아름다운 신부는 항상 꽃모양의 작은 종이를 미간에 붙이고 있었습니다.

목욕할 때에도 그 종이는 떼어내지 않았는데 문득 옛날 일이 떠오른 위고는 아내에게 연유를 물었습니다. 그러자 아내는 눈물을 흘리며 다음과 같이 대답했습니다.

"저는 장관의 양녀입니다. 송성(宋城)의 현지사 때에 아버지가 돌아 가시고 다시 어머니와 오빠까지 죽자 진(陳)이라는 할머니의 품에서 자랐습니다. 그 할머니는 채소장사를 하여…"

그것은 위고가 14년 전에 했던 바로 그 일이었습니다. 양심의 가책을 받은 그는 모든 사실을 고백했으며, 오히려 그들은 더욱 금슬 좋은 부부가 되어 아들을 낳았습니다.

그 아들은 뒷날 안문군의 장군이 되었고, 어머니는 태원군태부인(太原郡太夫人)이라는 칭호를 조정으로부터 하사 받았습니다.

이것이 바로 월하옹의 이야기인 것입니다.

유지경성(有志竟成)

有(유) 있다
志(지) 뜻
竟(경) 마침내
成(성) 이루다

굳건한 뜻이 있으면 반드시 이루어낸다는 뜻을 가진 고사성어입니다.

한나라를 찬탈한 왕망에게 반기를 들고 일어난 유수의 수하에 경엄이란 장수가 있었습니다. 원래 글 읽는 선비였던 그는 병법과 무예에 뛰어나 적잖은 전공을 세움으로써 유수의 신임은 각별했습니다.

마침내 유수는 후한의 광무제가 되었는데 어느 날 광무제는 경엄에게 장보를 공격하라는 명령을 내렸습니다. 한나라의 맥을 이은 후한이 세워졌지만 아직도 각지에는 상당한 병력을 가진 세력들이 준동하고 있었는데 그 중에서 장보의 병력이 가장세었습니다.

경엄이 공격해 온다는 보고를 받고도 장보는 풋내기의 오합지

졸로 여겼다가 첫 싸움에서 크게 낭패를 보았습니다. 파죽지세로 진격한 경엄의 부대는 임치의 동쪽 성에 이르러 장보의 주력부대와 맞붙게 되었습니다. 이 싸움에서 경엄은 허벅다리에 화살을 맞고 피투성이가 되었지만 부하들을 독려하며 앞장서 싸웠습니다. 그러나 고전을 면할 수 없었습니다. 이런 전황을 보고받은 광무제는 몸소 군대를 이끌고 경엄을 도우러 나섰습니다. 그때 경엄의 부하 한 사람이 원군이 올 때까지 잠시 후퇴했다가 병력을 재정비하여 다시 싸우자는 건의를 했습니다. 그러자 경엄은 호통치며 말했습니다.

"황제가 오시는데 소를 잡아 술상을 차려놓고 맞지는 못할망정 어찌 섬멸하지 못한 적군을 남겨둔단 말인가."

이 말에 사기충천한 경엄군은 임치를 함락했고 원군을 이끌고 온 광무제는 이렇게 경엄을 칭찬했습니다.

"옛날에는 한신이 역하를 함락시켜 한나라의 기초를 이룩하더니 이제는 그대가 천하를 안정시킬 수 있게 했구려. 뜻이 있는 사람은 반드시 이루어낸다(유지자사경성 有志者事竟成)더니."

읍참마속(泣斬馬謖)

泣(읍) 울다
斬(참) 베다
馬(마) 말
謖(속) 일어나다

마속이라는 이름은 『읍참마속(位斬馬謖)』이라는 고사성어에 의해 잘 알려져 있습니다.

그는 백미라는 고사성어의 주인공인 마량(馬良)의 동생으로서 공명은 그의 재능을 사랑하여 막료로 늘 함께 행동했다고 합니다.
그런데 촉의 유선이 즉위한지 6년째 되던 해. 제갈공명은 중원 진출을 꿈꾸며 기산(祁山)으로 나아갔고 가정(街亭)에서 위나라의 주력부대와 충돌하게 되었습니다. 그때 촉나라는 훌륭한 무장들을 갖추고 있었는데 제갈량은 모두의 충고를 물리치고 선봉부대의 총지휘관 자리에 젊은 장수인 마속을 발탁하여 앉혔습니다.
그리고 공명이 그에게 작전을 지시했는데 그는 제멋대로 남쪽에 있는 산정상에 진을 치고 움직이지 않았습니다.
상대 지휘관은 명장 장합. 그는 마속의 진을 보고 산기슭을 차단하여 물길을 막는 작전을 취했으며 결국 마속의 부대는 무참히 패배하고 말았습니다.

이 일 때문에 공명의 중원진출의 야망은 꺾였고 한중으로 철수해야만 했습니다.

그리고 잘못을 사죄하는 마속을 처형시켰습니다. 그것이 바로 〈읍참마속〉의 사건 경위입니다.

마속의 형제는 모두 다섯으로 모두 뛰어났다고 합니다. 그 중에서도 형인 마량(馬良)은 '백미(白眉)가 가장 훌륭하다'라는 평판이 자자했다고 합니다. 그의 눈썹에 흰 것이 섞여 있었다는 데에서 유래된 것인데 〈백미〉는 같은 종류 중 가장 뛰어나게 좋은 것을 뜻하게 되었습니다. 마량도 유비 밑에 있었는데 이릉(夷陵) 전투 때 전사했습니다.

마속은 유비가 촉에 들어갈 때 그를 따라 면죽(線竹). 성도(成都)의 현지사(縣知事)에서 월전군태수까지 역임했습니다.

그는 전략론을 펼치기를 좋아해 가끔 깜짝 놀랄만한 재능을 보이기도 했습니다. 공명도 그러한 점에 반해 그를 참모역으로 끌어들였고 밤새도록 이야기를 나눈 적도 종종 있었다고 합니다.

그러나 유비는 임종 때, 마속의 이론은 실체가 결여됐다며 절대로 중용해서는 안 된다는 유언을 공명에게 남겼습니다.

그렇지만 공명은 끝까지 자신의 눈을 믿었던 것입니다. 마속과 공명은 어딘가 모르게 배짱이 서로 맞았던 것 같습니다.

마속은 죽음에 임박해 공명에게 편지를 썼습니다.

"지금까지 각하는 저를 친자식처럼 아껴 주셨습니다. 저도 각하를 친아버지처럼 여겨왔습니다. 그러나 이제는 예전에 순(舜)이 곤(鯀)을 처형하고 우(禹)를 등용시켰다는 고사(故事)를 깊이 마음에 새기셔서 사사로운 정에 얽매여 지금까지 키워온 교분에 흠을 내지 말아 주시기를 부탁드립니다. 그렇게 해 주셔야만 저는 여한없이 구천길로 들 수가 있습니다."

그리고는 처형이 집행되자 십만장병 모두가 눈물을 흘렸다고 합니다.

그후 승상부의 장완(蔣琬)이 한중으로 찾아와서 말했습니다.

"옛날 초(楚) 나라가 성복(城僕)전투에서 졌을 때, 패전의 책임을 물어 신하를 죽였습니다. 이 말을 들은 적 진(晋) 나라의 문공(文公)은 그제서야 비로소 안도의 미소를 띄었다고 합니다. 천하가 한창 동란에 빠져있을 때 더없는 지략가를 잃는다는 것은 너무나도 안타까운 일이 아니겠습니까."

그 말을 들은 공명은 눈물을 흘리며 자신의 고충을 말했습니다.

"손자가 그 위력을 천하에 보일 수 있었던 것은 군법을 엄격하게 적용했기 때문이요. 천하가 분열되어 어지러운 지금 가령 군법을 엄격하게 행하지 않는다면 도대체 어떻게 역적 위(魏)를 무너뜨린단 말인가."

이처럼 읍참마속은 기강을 세우기 위해 사사로운 마음을 누를 때 사용됩니다.

이심전심(以心傳心)

以(이) 써, ~로써
心(심) 마음
傳(전) 전하다
心(심) 마음

원래 염화미소(捻華微笑)가 상징인 이심전심이라는 말은, 심오한 이치는 말로 표현할 수 없는 것이기 때문에 마음에서 마음으로 전해져 깨닫도록 한다는 뜻으로 사용되는 고사성어입니다.

하지만 세월이 흐름에 따라 그 뜻은 점차 가벼운 것으로 변했습니다. 즉, 일반적으로 마음과 마음이 서로 통한다거나 아니면 말이 없는 가운데 상대방과 더불어 그 뜻을 깨닫게 된다는 뜻으로 널리 사용되고 있습니다.

송나라의 중 보제(普濟)의 오등회원(五燈會元)을 보면 다음과 같은 이야기가 나옵니다.

석가세존께서 영산에 제자들을 모아놓고 설교를 하셨습니다. 석가께서는 연꽃을 손에 들더니 손가락으로 쥐어 제자들에게 보이셨습니다.

　다른 제자들은 모두 뜻을 몰라 조용히 보고만 있었는데 유일하게 가섭존자만이 그 이치를 깨닫고 빙그레 미소를 지었는데 거기에서 염화미소가 성립된 것입니다.

　그리하여 석가께서 다음과 같이 말씀하셨습니다.

　"나에게는 정법안장(正法眼藏=사람이 원래부터 갖춘 마음의 오묘한 덕)과 열반묘심(涅槃妙心=번뇌와 미망에서 벗어나 진리를 깨닫는 마음)과 실상무상(實相無相=생계열을 떠난 불변의 진리)과 미묘법문(微妙法門=진리를 깨닫는 마음)과 불립문자(不立文字)와 교외별전(教外別傳=다 함께 경전 및 언어 등에 의함이 없이 이심전심으로 전한다는 뜻)이 있다. 나는 가섭존자에게 이것을 부탁하노라."

　이처럼 이심전심이란 원래 불가에서 시작된 말인 것입니다.

일거양득(一擧兩得)

一(일) 하나
擧(거) 들다
兩(양) 양쪽
得(득) 얻다

이것은 아주 쉬운 뜻으로 한 가지 일을 하여 두 가지의 이득을
거두어들일 때를 나타내는 말입니다.

서진(西晉)의 무제(武帝) 때 벼슬을 한 속석(束晳)은 좌저작랑(佐
著作郎)으로 박사가 된 유명한 박식가였습니다. 그런데 그가 좌저
작랑이 되기 전에 상소문을 올렸을 때의 일입니다.

그는 하북땅의 돈구군(頓丘郡)일대에 들어와서 살고 있는 사람
들로 하여금 다시 서쪽땅의 개척민으로 이주시키려는 계획을 그
상소문으로 밝혔습니다.

그가 제출한 상소문의 내용은 다음과 같은 것이었습니다.

10년 동안의 세역면제(稅役免除)를 내려 두 번 이주시켜 위로해
준다면 한 번 들어 두 가지의 이득을 얻게 될 것입니다(일거양득

一擧兩得). 또한 밖으로 실질적이고 안으로는 너그러우며, 궁색한 사람들에게 일을 더 시켜 땅을 넓히고, 서쪽 교외의 밭을 이로써 넓히니 농사에 있어서 큰 이익이 될 것입니다.

여기에서 일거양득이라는 말이 유래되기 시작한 것입니다.

일망타진(一網打盡)

一(일) 하나
網(망) 그물
打(타) 치다
盡(진) 모두

　이 단어는 원래 한 그물로 한 사람도 남기지 않고 전체를 모두
제거 시켰다는 뜻에서 유래된 고사성어입니다. 다음과 같은 고사
(故事)에서 그 유래를 정확히 알 수 있습니다.

　송나라 인종은 구양수 사마광 등 뛰어난 인재를 발탁하여 내치
에 힘썼습니다. 그러나 반면에 인종 때에는 정치에 참여한 이들이
당파를 이루어 정권 투쟁이 치열하게 일어난 시기이기도 합니다.
두연이 재상으로 있을 때 두연의 사위 소순흠(蘇舜欽)이 반고지
(反故紙)를 판 국고금으로 제사를 지내고 관청손님을 초대한 자리
에 기생까지 불러 성대한 주연을 열었다는 내용의 공금유용사건
이 일어났습니다. 그러자 두연의 반대파인 왕공진이 소순흠을 탄
핵하고 연류자를 모두 잡아 들였습니다.

　왕공진은 "나는 한 그물로 한 사람도 남기지 않고 모두 제거했
다(오일망타거진의 吾一網打去盡矣)."라고 말하며 흐뭇해 했다고

합니다.

여기에서 일망타진이라는 말이 생겨나게 되었습니다. 또한 두
연은 그 사건 때문에 불과 70여 일만에 사직했으며 당인들 역시
모조리 벼슬자리에서 쫓겨났다고 합니다.

일이관지(一以貫之)

一(일) 하나
以(이) 써
貫(관) 꿰다, 통과하다
之(지) 갈

하나로서 나아간다는 뜻의 일이관지는 공자가 평소 가장 으뜸으로 역설한 인(仁)에서 벗어나지 않으며 성의를 다하고 상대를 용서하는 게 인을 성취하는 길이라는 뜻에서 나온 말이라고 할 수 있습니다.

이 말에 관해서는 『논어』의 두 곳에 나오는데. 〈위령공편〉을 보면 다음과 같습니다.

"사(賜)야, 너는 내가 많이 배우고 그것을 모두 기억한다고 생각하느냐?"

공자의 물음에 자공이 이렇게 대답했습니다.

"그러하옵니다. 아니오니까?"

"아니다. 나는 오직 하나로 관철할 뿐이니라."

또 한 가지 공자가 삼(參)과 주고 받은 다음과 같은 이야기가 있습니다.

"삼아, 나의 도(道)는 오직 하나로 관철되느니라."
"알고 있습니다."
그런 다음 공자가 나가자 제자들이 삼에게 물었습니다.
"무슨 말씀을 하던가?"
"선생님의 도는 성실하고 용서하심이 있을 뿐일세."

이처럼 일이관지는 모든것이 하나로 통일되어 꿰뚫고 있다는 의미였습니다. 그러나 요즈음은 처음처럼 끝까지 변함없다라는 의미로 많이 사용됩니다.

일일여삼추(一日如三秋)

一(일) 하나
日(일) 날
如(여) 같다
三(삼) 셋
秋(추) 가을

이 말은 단 하룻동안 만나지 못하는 것이 3년 동안이나 만나지 못하는 것과 같다는 뜻으로 사용되는 고사성어입니다. 또한 어떤 일을 애타게 기다리거나, 못견디게 그리워 하며 만나고 싶어할 때 흔히 사용하는 말이기도 합니다.

『채갈(采葛)』이라는 시에 보면 칡과 쑥, 약쑥을 캐면서 노래부른 다음과 같은 글이 있습니다.

저 칡을 캐서,
하룻동안 안 보면 석 달이나 된 것과 같다.
쑥을 캐서,
하룻동안 안 보면 세번의 가을이 지난듯하다.
저 약쑥을 캐서, 하룻동안 안 보면 3년이나 된 것과 같다.

일자천금(一字千金)

一(일) 하나
字(자) 글자
千(천) 천
金(금) 금

　이것은 글자 하나만으로도 그 가치가 천금에 해당될 정도로 훌륭한 문장이라는 뜻으로 사용되는 말입니다.

　진나라의 효문왕(孝文王)에 이어 즉위한 장양왕 역시 3년만에 죽고 말았습니다. 뒤를 이어 즉위한 것은 나이가 겨우 13세인 태자 정(政)이었는데, 이 사람이 곧 뒤의 진시황입니다.

　새로운 왕은 선왕인 장양왕의 옹위에 공로가 컸던 여불위(呂不韋)를 존경하여 상국(相國)으로 삼은 뒤에 중부(仲父)라고 불렀습니다.

　여불위의 권세는 가히 진나라를 좌지우지할 정도였으며, 그것에 대해 사기의 여불위전에서는 다음과 같이 기록하고 있습니다.

　여불위는 하인을 1만여 명이나 거느리고 있었습니다. 당시 초나라에는 춘신군(春申君)이 있었고 조나라에는 평원군(平原君)이,

제나라에는 맹상군 등의 대귀족이 있었습니다.

이들은 경쟁이라도 하는 것처럼 선비나 귀빈을 극진하게 대우했는데 여불위 또한 선비들을 후하게 대접하자 3천여 명의 식객이 생겨났습니다.

당시 각 나라마다 변설자 선비들이 많아 제나라와 초나라에서 벼슬한 유자(儒者) 순경같은 사람은 책을 펴내어 세상에 널리 알렸습니다.

그러자 여불위 또한 자기의 식객들에게 견문에 대한 책을 쓰도록했고 그것을 자신이 편집하여 팔람(八覽)과 육론(六論), 십이기(十二紀)등 20만여 어에 달하는 책으로 만들었습니다.

천지의 만물과 고금의 일 등이 모두 그 안에 있다고 생각하여 〈여씨춘추(呂氏春秋)〉라고 이름지었으며 이를 도읍인 함양의 시문(市門)이 있는 곳에 진열토록 했습니다.

그 위에 천금(千金)을 걸어 놓고 제후와 유세의 선비, 빈객 등을 유치하기 위하여 "만일 이 글에 단 한 자라도 첨삭(添削)할 수 있는 사람에게는 천금을 내리겠노라."라는 방을 붙여 놓았습니다.

이는 뛰어난 인재를 유치하기 위한 작전이기도 하였지만 그 만큼 여씨춘추가 훌륭하다는 자신감의 표현이기도 하였습니다.

이로부터 일자천금은 매우 훌륭한 글이라는 의미를 가지게 되었습니다.

일패도지(一敗塗地)

一(일) 한
敗(패) 패할
塗(도) 더럽히다, 칠하다
地(지) 땅

단 한 번 싸움에 패하여 전사자의 시신이 땅을 더럽힌다는 뜻으로 여지없이 패하여 재기불능이 된 상태를 비유하여 이르는 말입니다.

진나라 시황제가 죽자 견고한 것 같던 진나라도 흔들리기 시작했습니다. 2세 황제 원년에 벌써 진승이 진나라에 반항하는 군사를 일으켰고 이것이 도화선이 되어 곳곳에서 반란이 일어났습니다.

패현의 현령은 세력이 막강해진 진승편엔 붙어야 목숨을 부지할 수 있다고 판단하고 측근에게 의견을 물었습니다. 측근이 명망 높은 유방을 끌어들이는 게 더 낫다는 의견을 내놓자 현령은 이를 받아들여 유방을 성으로 불렀습니다. 부하들을 거느리고 성밖에 다다른 유방을 보고 현령은 갑자기 유방에게 당할 것 같은 예감이

들어 성문을 열지 않고 유방 일행을 되돌려 보냈습니다. 이렇게 되자 유방은 성 안의 유지들에게 봉기할 것을 호소하는 편지를 써서 화살에 매달아 쏘아보냈습니다. 그러자 유지들은 이에 호응해서 현령을 죽이고 유방을 맞이하고는 그에게 새 현령이 되어줄 것을 간청했습니다. 그러나 유방은 사양하며 이렇게 말했습니다.

"지금 천하는 혼란에 빠져 있고 제후는 곳곳에서 일어나고 있소.

이때 훌륭한 인물을 가려 장수로 삼지 않는다면 한 번의 패배에 땅을 더럽히고 말것이오(일패도지 一敗塗地). 나는 내 몸의 안전만을 생각해서 이러는 게 아니오. 내 능력이 부족하여 여러분의 생명을 보호해 낼 수 있을지 두려워 하기 때문이오. 이는 중대한 문제인 만큼 더 신중히 생각해서 적임자를 뽑도록 하시오."

그래도 유지들이 유방을 극구 추대해서 마침내 현령이 되었는데 이것이 뒷날 난세를 평정하고 한나라의 고조가 되기까지 유방의 파란만장한 역정의 시작이었습니다.

아비규환(阿鼻叫喚)

불교에서 말하는 아비 지옥과 규환 지옥을 뜻하는 것으로, 사고나 재난으로 많은 사람이 괴로움을 당하여 울부짖는 참상을 말합니다.

아전인수(我田引水)

제 논에 물 대기란 뜻으로, 자기에게만 유익하도록 일을 하는 것을 일컫는 말입니다.

안거위사(安居危思)

편안한 때에 어려움이 닥칠 것을 잊지 말고 대비하라는 말입니다.

안빈낙도(安貧樂道)

구차하고 궁하면서도 도를 즐겨 평안한 마음으로 산다는 뜻입니다.

안하무인(眼下無人)

눈 아래 사람이 없는 것처럼 교만하여 남을 업신여기는 태도를 말합니다.

양두구육(羊頭狗肉)

양 머리를 내어놓고 속에는 개고기를 넣었다는 말이므로, 겉으로는 그럴 듯 하게 꾸미고 속은 변변치 못하다는 뜻입니다.

어두육미(魚頭肉尾)

생선은 머리가 맛있고 살코기는 꼬리가 맛있다는 말입니다.

언감생심(焉敢生心)

감히 그런 생각을 품을 수가 없다는 뜻입니다.

언어도단(言語道斷)

말할 길이 막혔다는 말로, 본디는 불교에서 말로 다할 수 없는 깊은 진리라는 뜻이었으나, 오늘 날에는 어이가 없어 말을 할 수도 없게 하는 것을 일컫는 말로 쓰이고 있습니다.

언즉시야(言則是也)

말은 사리에 맞다는 뜻입니다.

여반장(如反掌)

손바닥을 뒤집는 것과 같다는 말이므로, 매우 쉬운 일을 뜻합니다.

역발산 기개세(力拔山 氣蓋世)

힘은 산을 뽑고 기상은 세상을 덮을 만하다는 말입니다.

역지사지(易地思之)

처지를 바꾸어서 생각하라는 뜻입니다.

연목구어(緣木求魚)

바다나 냇가에 가야 구할 수 있는 물고기를 나무에 올라가서 찾는다

는 뜻이므로, 방법이 틀리면 아무리 노력을 해도 성공 할 수 없다는
말입니다.

영수(領袖)
깃과 소매가 남의 눈에 잘 띄는 것처럼, 어떤 집단을 대표하는 중
요한 사람을 일컫는 말입니다.

오비이락(烏飛梨落)
까마귀 날자 배 떨어진다는 말로서, 어떤 일을 하자 공교롭게도
어떤 일이 같은 때에 일어나 남의 의심을 받게 된다는 뜻입니다.

옥불탁불성기(玉不琢不成器)
'옥도 다듬지 않으면 그릇을 이루지 못하고 사람도 배우지 않으면
도를 알지 못한다.'는 말에서 나온 것으로, 아무리 소질이 있는 좋
은 것이라도 갈고 닦지 않으면 그 가치를 발휘하지 못한다는 것을
일컫는 말입니다.

옥상가옥(屋上架屋)
집 위에 다시 집을 짓는다는 뜻이므로, 부질없이 남의 흉내만 내
어 새로운 발전이 없고 가치없이 중복만 됨을 일컫는 말입니다.

외유내강(外柔內剛)
겉으로는 순하고 부드러워 보이나 속은 굳세고 곧다는 말입니다.

욕속부달(欲速不達)
일을 너무 급히 하려고 하면 도리어 그 일을 이루지 못하고 만다

는 뜻입니다.

용두사미(龍頭蛇尾)

용 머리에 뱀 꼬리라는 말이므로, 시작은 크고 훌륭했으나 끝으로
갈수록 점점 나빠져 결국 흐지부지 되는 것을 뜻합니다.

원교근공(遠交近攻)

먼 나라를 사귀어 가까운 나라를 치는 외교 정책을 말합니다.

위편삼절(韋編三絶)

옛날 공자(孔子)가 주역을 읽고 또 읽어서 그 책을 묶었던 가죽끈이 세 번
이나 끊어졌다는 이야기에서 나온 말로, 책을 반복하여 많이 읽는다는 뜻
입니다.

유명무실(有名無實)

이름만 있고 알맹이가 없다는 말입니다.

유언비어(流言蜚語)

어디서 시작된 말인지 알 수 없는 뜬소문을 말합니다.

유유상종(類類相從)

비슷한 것끼리 서로 모인다는 뜻입니다.

음덕양보(陰德陽報)

착한 일은 남이 모르게 하더라도 언젠가는 세상에 알려져 그에 합
당한 보상을 받는다는 뜻입니다.

이구동성(異口同聲)

서로 다른 입에서 같은 소리가 난다는 말이므로, 여러사람이 입을 모아 한결같이 말하는 것을 뜻합니다.

인면수심(人面獸心)

사람의 얼굴을 하고 있으나 마음은 짐승과 같다는 말입니다. 즉, 겉으로는 온순하게 보이지만 속마음은 음흉한 사람을 일컫는 말입니다.

인명재천(人命在天)

사람이 죽고 사는 것은 하늘에 달린 것이므로 사람의 힘으로는 어쩔 수 없다는 말입니다.

인사불성(人事不省)

인사를 돌아보지 않는다는 말이므로 예절을 전혀 차릴 줄 모른다는 뜻입니다. 또, 술에 취하거나 하여 정신을 차리지 못하는 상태를 일컫는 말로 쓰이기도 합니다.

인산인해(人山人海)

사람이 산을 이루고 바다를 이룬다는 뜻이므로, 많은 사람이 모여드는 것을 말합니다.

일각천금(一刻千金)

극히 짧은 시간도 천금같이 귀중하므로 시간을 아끼라는 뜻입니다.

일당백(一當百)

한 사람이 백 사람을 당해낸다는 뜻이므로, 힘있고 용맹한 사람을 일컫는 말입니다.

일도양단(一刀兩斷)

단칼에 둘로 쪼개는 것과 같이 일을 결단성 있게 처리하는 것을 말합니다.

일사천리(一瀉千里)

냇물이 한 번 흘러 천리를 내린다는 말이므로, 순조롭게 일이 처리되어 가는 것을 뜻합니다.

일석이조(一石二鳥)

한 번 돌을 던져 두 마리의 새를 잡았다는 말이므로, 한꺼번에 두 가지의 이득을 얻는다는 뜻입니다.

일소일소 일노일노(一笑一少 一怒一老)

한 번 웃으면 한 번 젊어지고, 한 번 성내면 한 번 늙는다는 말이므로, 웃으면서 지내는 것이 좋다는 뜻입니다.

일어탁수(一魚濁水)

물고기 한 마리가 물을 흐린다는 말이므로, 한 사람의 잘못으로 여러 사람이 해를 입게 되는 것을 일컫는 말입니다.

일엽편주(一葉片舟)

나뭇잎과 같이 작은 한 척의 배라는 뜻입니다.

일장춘몽(一場春夢)

한바탕 봄 꿈이라는 말로, 부귀영화가 헛되고 인생이 허무하다는 뜻입니다.

일촉즉발(一觸卽發)

조금만 닿아도 곧 폭발할 것과 같이 몹시 긴장된 상태를 말합니다.

일취월장(日就月將)

학문이나 사업이 나날이 발전하고 진보하는 것을 일컫는 말입니다.

일편단심(一片丹心)

한 조각 붉은 마음이라는 뜻으로, 마음 속에 굳게 다짐한 정성을 말합니다.

임기응변(臨機應變)

그때 그때 대응하는 것을 바꾼다는 말로서, 언제든지 때와 장소에 가장 어울리는 방법으로 일을 잘 처리하는 것을 뜻합니다.

입신양명(立身揚名)

출세하여 이름을 크게 드날리는 것을 말합니다.

입향순속(入鄕循俗)

시골에 가면 그 곳의 풍습을 따른다는 말이므로, 어디를 가나 그 지방의 풍속을 좇아야 한다는 뜻입니다.

자포자기(自暴自棄)

自(자) 스스로
暴(포) 사납다
自(자) 스스로
棄(기) 버리다

이것은 자기 스스로 포기한 나머지 언행을 멋대로 할 경우에 사용하는 말인데, 『맹자』의 〈이루편(離婁篇)〉에 나온 설명은 다음과 같습니다.

스스로 자신을 해치는 사람과는 말하지 말고, 스스로를 버리는 사람과는 행동하지 말 것이며, 말로 예의를 헐뜯는 것을 스스로 해친다고 하고(자포 自暴), 인(仁)이나 의(義)에 따라 살지 못하는 것을 스스로 버린다(자기 自棄)고 한다.

인은 사람이 편하게 사는 집이고, 의는 사람이 올바르게 걸어갈 수 있는 길이다.

세상 사람들은 편히 살 수 있는 집을 비워두고 살지 않으며, 올바로 갈 수 있는 길을 버리고 가지 않으니 슬픈 일이다.

적반하장(賊反荷杖)

賊(적) 도적
反(반) 돌아올
荷(하) 멜
杖(장) 지팡이, 몽둥이

　적반하장은 『순오지』, 『송남잡지』, 『동언고략』 등에 실려져 있습니다. 『순오지』를 보면 "도둑이 도리어 몽둥이를 든다는 말은 잘못을 저지른 자가 성내며 덤비는 경우를 빗댄 것이다."라고 쓰여 있습니다.

　우리 나라의 옛 속담에 "방귀 뀐 놈이 성낸다"는 말이 있듯이 잘못한 사람이 자신의 잘못을 뉘우치지 않고 도리어 화를 내며 상대방에게 덤벼들거나 죄를 뒤집어 씌울 때 적반하장이란 말을 사용합니다.

전전긍긍(戰戰兢兢)

戰(전) 싸우다
戰(전) 싸우다
兢(긍) 삼가다
兢(긍) 삼가다

이 말은 잔뜩 겁을 집어먹고 몸을 도사릴 때 사용하는 고사성어입니다.

『논어』의 〈태백편(泰伯篇)〉에 보면 증자에 대한 다섯 장(章)가운데 그 첫 장에 다음과 같은 글이 나와 있습니다.

증자가 병들어 그의 제자들을 부르더니 다음과 같이 말했다.
"시경(詩經)에서 이르되 매우 두려운 것처럼 조심(전전:戰戰=두려움에 떠는 모양, 긍긍:兢兢=조심하는 모양)하고, 깊은 연못에 임한 것처럼 하며, 얇은 얼음을 밟듯이 하여라."고 했다. "나는 지금 이후로는 그것을 면할 수 있음을 내 알겠구나, 제자들아."

또한 시경(詩經)에 나오는 소아(小雅)의 소민(小旻)이라고 하여 6절로 된 시의 마지막 1절에는 다음과 같이 나와 있습니다.

맨손으로 감히 호랑이를 잡지 못하고, 황하를 감히 걸어서 건너지 못한다는 것을, 사람들이 그 하나는 알고 있으나 그 외의 것들은 모르고 있다.

두려워 조심하기(전전긍긍)를 깊은 연못에 임한 듯이 하고, 얇은 얼음을 밟는 것처럼 해야만 된다.

이상의 글은 타락한 시대를 한탄한 내용의 시입니다. 따라서 이 글에서 전전긍긍이라는 말은 타락한시대에 휩쓸리지 않도록 스스로 반성하며 조심하라는 뜻으로 쓰였습니다. 그러나 세월이 지남에 따라 전전긍긍은 죄를 지어 놓고 불안에 떠는 모습을 묘사할 때 사용되고 있습니다.

절차탁마(切磋琢磨)

切(절) 끊다
磋(차) 갈다
琢(탁) 쪼다
磨(마) 갈다

이 말은 학문과 덕을 갈고 닦는다는 뜻으로 사용되는 고사성어입니다.

『논어』의 〈학이편(學而篇)〉에 있는 다음과 같은 내용에 나오는 말입니다.

자공(子貢)이 공자께 여쭈어 보았다.

"시경에서 이르기를 군자는 상아를 자르고 닦은듯, 옥을 쪼고 갈은듯이 빛난다라고 되어있는데 이는 끊임없이 수양하여야 한다는 선생님의 말씀과 같은 이치입니까?

"이제서야 비로소 너와 더불어 시경을 논할 수 있게 되었구나. 지나간 일들을 가르쳐 주니 앞으로 닥쳐올 일까지 깨우쳤구나."

또한 『대학(大學)』에는 다음과 같은 시가 있습니다.

자르는 것과 같고,
닦는 것과 같다는 것은,
학문을 뜻하는 것이고,
쪼는 것과 같고,
가는 것과 같다는 것은,
스스로 덕을 닦는다는 뜻이다.

조강지처(糟糠之妻)

糟(조) 조, 지게미
糠(강) 겨
之(지) 갈
妻(처) 처

이것은 원래 술지게미나 쌀겨와 같이 몹시 거친 음식도 같이 나누어 먹으며 온갖 고생을 함께 해 온 아내를 일컫는 말입니다.

그것이 현대에 와서는 더욱 대중적이고 폭넓게 자신의 본처를 의미하는 말로 사용되고 있습니다.

후한(後漢)의 광무제(光武帝)는 누나 호양공주(湖陽公主)의 남편이 죽자 틈이 있을 때마다 누나를 위로해 주었습니다. 그리고 그녀가 조정의 신하중에 누구에게 호의를 품고 있는지 알아내기 위하여 은근히 귀를 기울였습니다.

어느 날 호양공주가 말했습니다.

"의연하면서도 덕을 갖춘 송홍의 풍모는 누구도 따를 수 없을 것입니다."

"잘 알겠습니다. 저한테 맡겨 주십시오."

　그런 다음 송홍(宋弘)이 일이 있어 광무제의 부름을 받자 광무
제는 때를 놓치지 않고 병풍 뒤에 호양공주를 숨긴 다음 송홍과의
대화를 엿듣도록 했습니다. 이윽고 용건이 끝났을 때 광무제는 지
나가는 말처럼 송홍에게 물었습니다.

　"대개 귀한 신분이 되면 친구를 바꾸고 부유해지면 아내를 바꾼
다고 하는데 이런 일이 인정에 어울리는 일이 아니겠는가?"

　그러자 송홍이 대답했습니다.

　"저는 비천한 시절의 벗은 잊지 말아야 하고, 지게미와 쌀겨를
같이 먹은 처는 쫓아내면 안 된다고 생각하고 있습니다. 또한 그
것이 바로 진실이라고 믿고 있습니다."

　그 말을 들은 광무제는 병풍 뒷쪽을 바라보며, "제대로 되지 않
는군요."하고 호양공주가 알아듣도록 말했습니다. 즉, 누나로 하
여금 송홍을 단념하도록 했다고 합니다.

조삼모사(朝三暮四)

朝(조) 아침
三(삼) 세번
暮(모) 저물
四(사) 네번

조삼모사는 『열자』의 〈황제편〉에 나오는 말입니다.

중국의 송나라 때, 저공이라는 사람이 여러 마리의 원숭이를 기르고 있었습니다. 그런데 어느 해 흉년이 들어 많은 원숭이를 먹일 식량이 부족했습니다. 그래서 먹이를 줄이기로 결정하고는 원숭이에게 다음과 같이 말했습니다.

"이제부터는 너희들에게 도토리를 하루에 일곱 개를 주는데 아침에 세 개, 저녁 때 네 개를 주겠다." 그러자 듣고 있던 원숭이들이 화를 내며 소란을 피웠습니다. 저공은 원숭이들의 마음을 잘 알고 있었기 때문에, "그럼 아침에 네 개, 저녁에 세 개를 주겠다."라고 말했습니다. 그러자 원숭이들은 몹시 기뻐했습니다.

이 이야기는 눈앞의 이익만 생각할 뿐 결과가 같다는 것을 모르는 어리석음을 빗대어서 만들어진 것입니다.

종남첩경(終南捷徑)

終(종) 끝
南(남) 남녘
捷(첩) 빠르다
徑(경) 지름길

출세와 영달(榮達)의 지름길. 목적 달성의 지름길이라는 뜻입
니다.

과거(科擧)제도가 정착되어 있던 당(唐)나라에서는 과거급제가
곧 벼슬길로 들어설 수 있는 자격증을 따는 것이었습니다. 그래서
그 경쟁의 치열함은 이루 말할 수 없었습니다. 그러나 막상 과거
에 급제했다고 해서 바로 임용되는 것은 아니고 원하는 자리에 간
다는 보장도 없었습니다. 과거에 급제하고서도 출세의 길로 들어
선다는 건 하늘의 별따기나 다름없었습니다.

진사(進士)시험에 급제한 노장용이라는 사람도 역시 쉽게 임용
되지 않아 몹시 초조해 했습니다. 실의의 나날을 보내던 그의 머
리에 기발한 아이디어가 떠올랐으니 종남산(終南山)에 들어가 틀
어박히는 것이었습니다. 수도장안(長安) 서남쪽에 있는 종남산에
는 학문과 자기수련만을 추구할 뿐 세속적인 영달에는 초연한 선

비들이 은거(隱居)하고 있었으며 사람들은 그들을 경모(敬慕)했습니다. 은거한 뒤 얼마간의 세월이 지나자 노장용의 명성은 조정의 관심을 끌게 되어 마침내 좌습유(左拾遺)라는 벼슬이 주어졌습니다. 그의 작전이 기가막히게 들어맞은 것이었습니다.

당시 종남산에는 사마승정(司馬承禎)이라는 진짜 현인(賢人)이 은거하고 있었는데 조정에서 하산하여 관직을 맡아 달라고 간청했지만 듣지 않았습니다. 그가 어느 날 장안에 왔다가 돌아갈 때 성 밖까지 배웅한 사람은 바로 노장용이었습니다. 그는 멀리 보이는 종남산을 가리키며 말했습니다.

"종남산은 참으로 영험이 있는 좋은 산이지요?"

그러자 사마승정은 이렇게 대꾸했다고 합니다.

"내가 보기에는 벼슬길로 가는 지름길일 뿐이오.〈二僕視之 仕宦之捷徑耳이복시지 사환지첩경이〉"

노장용은 머쓱한 표정을 지우지 못하며 더 이상 아무런 말도 못했다고 합니다.

종남첩경이라는 고사성어는 그같은 연유에서 생겨나게 되었습니다.

죽마지우(竹馬之友)

竹(죽) 대나무
馬(마) 말
之(지) 갈
友(우) 친구

　이것은 어린 시절의 친구를 의미하는 말인데, 세상에서 가장 절친한 벗을 일컬어 흔히 죽마지우라고 부르는 것 역시 그 때문입니다.

　죽마(竹馬)란 두 개의 대나무에 각각 적당한 높이로 발을 올려놓도록 만든 다음 어린 아이들이 타고 놀 수 있도록 한 대나무로 죽마지우는 죽마를 타고 놀던 어린시절의 친구를 말합니다.

지록위마(指鹿爲馬)

指(지) 손가락, 가리킬
鹿(록) 사슴
爲(위) 위하여, 할
馬(마) 말

　고사에 의하면 이 말은 강압하여 거짓을 진실로 받아들이게 하거나 윗사람을 농락하여 마음대로 권세를 휘두른다는 뜻을 가지고 있습니다. 다음과 같은 고사를 소개 합니다.

　진시황이 죽자 환관 조고는 태자 부소를 죽이고 어린 호해를 황제 자리에 앉혔습니다. 권력을 장악한 조고는 역심을 품기 시작했지만 여러 신하들의 마음이 어떤지 확신할 수 없자 우선 시험해 보기 위해 사슴을 가지고 이 세(二世) 황제에게 바치며 다음과 같이 말했습니다.

　"이것은 말이옵니다."

　"그것은 승상이 잘못 보았소. 어찌 사슴을 말이라고 하는 거요?"

　황제는 웃으면서 좌우에 있는 신하들에게 같은 질문을 던지자

조용히 있는 자, 혹은 조고에게 아첨하기 위해 말이라고 대답하는 자, 또는 사실대로 사슴이라고 말하는 자 등 가지각색이었습니다.

그러자 조고는 사실대로 사슴이라고 말한 자들을 승상의 권한으로 은밀하게 죄를 만들어 모두 죄인으로 만들고 말았습니다.

그런 일이 있은 뒤에 그같은 사실을 알게 된 신하들은 조고에 대해 한결같이 두려움을 갖게 되었다고합니다.

하지만 그 무렵 도처에서 이미 반란이 일어나기 시작했습니다. 원래 도적의 신분으로 황제를 속여 승상이 되었던 조고에게는 반란을 진압할 능력이 없었습니다.

결국 두려워진 조고는 이세 황제를 시해한 뒤에 부소의 아들인 자영을 진나라의 왕위에 앉혔습니다.

하지만 조고는 나중에 자신이 왕위에 올려놓은 자영에 의해서 처형을 당하는 운명이 되고 말았다고합니다.

지음(知音)

知(지) 알다
音(음) 소리

　이것은 거문고를 타는 소리만 들어도 그 친구의 마음 속을 알아 낼 수 있을 정도로 절친한 사이를 말하거니와, 친구의 사이를 나타내는 이 말은 『열자(列子)』의 〈탕문편(湯問篇)〉에 있는 백아(伯牙)와 종자기(種子期)의 다음과 같은 일화에서 비롯되었습니다.

　고사성어 백아절현에서 보았듯이 백아는 거문고의 명수였으며 그 가락을 듣는데 출중한 인물이 종자기였습니다. 어떤 때 백아가 높은 산에 올라가는 장면을 상상하며 거문고를 타면 듣고 있던 종자기가, "아주 멋지군. 눈 앞에 높은 산이 우뚝 솟아있는 것 같네."하고 말할 정도였으며, 마찬가지로 큰 강의 물의 흐름을 상상하며 거문고를 타면 종자기는 이때에도 그와 어울리는 말을 하곤 했습니다.
　어느 날 태산의 북쪽을 산책하던 두 사람이 갑자기 소나기를 만나게 되었습니다. 바위굴 속으로 비를 피했을 때 백아는 갑자기 서글픈 생각이 들었으며 그 기분으로 거문고를 탔습니다.

처음에는 계속해서 쏟아지는 소나기를 생각하며 탔고, 다음에는 장마비로 산이 무너져내리는 모습을 상상했습니다. 그런데 종자기는 한 곡이 끝날 때마다 이를 정확하게 알아맞추는 것이었습니다.

백아는 거문고를 한쪽으로 밀어놓으며 다음과 같이 탄식했습니다.

"아아, 자네의 귀는 과연 얼마나 훌륭한가! 자네는 내 마음을 아주 정확히 알아맞히네. 내가 어떤 생각을 하는지 거문고 소리만 듣고 모두 알아맞히고 있으니 말일세!"

지피지기(知彼知己)

知(지) 알다
彼(피) 너, 상대편
知(지) 알다
己(기) 나, 자신

『손자』의 〈모공편〉에 나오는 말로서 적의 속 사정과 나의 형편
을 자세히 알아야한다는 말입니다.

자가당착(自家撞着)

자기가 한 말의 앞뒤가 서로 어긋나서 모순되는 것을 일컫는 말입니다.

자수성가(自手成家)

물려 받은 재산 없이 스스로의 힘으로 재산을 모은다는 것을 말합니다.

자승자박(自繩自縛)

자기가 꼰 새끼로 자기를 묶는다는 말이므로, 자신이 한 행동이나 말로 인해 스스로의 행동에 제약을 받게 되는 것을 일컫는 말입니다.

자신만만(自信滿滿)

자신이 가득 차있다는 말이므로 아주 자신이 있다는 뜻입니다.

자업자득(自業自得)

자기가 지은 죄의 결과가 자신에게 돌아온다는 뜻입니다.

작심삼일(作心三日)

한 번 먹은 마음이 오래 가지 않는다는 말이므로, 결심이 굳지 못하다는 뜻입니다.

적수공권(赤手空拳)

맨 손에 빈 주먹이라는 말이므로, 아무것도 가진 것이 없다는 뜻입니다.

전광석화(電光石火)

번갯불과 부싯돌의 불이라는 뜻이므로, 매우 순식간에 일이 처리
되는 것을 일컫는 말입니다.

전전반측(輾轉反側)

누워서 이리저리 뒤척인다는 말이므로, 무슨 근심이 있어 엎치락
뒤치락하며 잠을 못 이루는 것을 일컫는 말입니다.

절치부심(切齒腐心)

이를 갈고 속을 썩인다는 말이므로 몹시 분하게 여기는 마음을 뜻
합니다.

점입가경(漸入佳境)

차차 좋은 지경으로 들어간다는 뜻이므로, 일이나 경치가 갈수록
나아지는 것을 일컫는 말입니다.

정신일도 하사불성(精神一到 何事不成)

정신을 한 곳에 집중하여 노력하면 안되는 일이 없다는 말입니다.
즉, 꼭 이루고야 말겠다는 마음으로 어떤 일을 하면 반드시 이루
어진다는 뜻입니다.

조족지혈(鳥足之血)

새발의 피라는 말로서, 분량이 보잘 것 없이 적어 소용에 닿지 않
는다는 뜻입니다.

정문일침(頂門一鍼)

정수리에 침을 놓는다는 말이므로 맥이 풀리고 얼이 빠진 것처럼 흐리멍텅해 있는 사람에게 정신을 차리도록 따끔한 충고를 한다는 뜻입니다.

좌지우지(左之右之)

옛날 중국에서는 중요한 약속을 할 때 소 귀를 잘라 그 피를 마시는 의식을 치렀다고 하는데, 이때 소귀를 잡는 사람이 오른쪽이건 왼쪽이건 마음대로 선택했다는 뜻에서, 자신의 생각대로 남을 움직이고 일을 처리하는 것을 일컫는 말로 쓰입니다.

주마가편(走馬加鞭)

달리는 말에 채찍질을 한다는 말이므로, 일이 잘되고 있을 때 긴장을 늦추지 않고 더욱 부추겨서 더나은 결과를 얻을 수 있도록 한다는 뜻입니다.

좌불안석(坐不安席)

마음을 놓고 한 곳에 오래 앉아 있지 못한다는 뜻이므로, 마음이 매우 불안하여 안절부절 못하는 것을 일컫는 말입니다.

주객전도(主客顚倒)

주인과 손님이 뒤바뀌었다는 말로 입장이 바뀐 것을 이릅니다.

주마간산(走馬看山)

달리는 말을 타고 산을 본다는 말이므로, 급히 지나치면서 자세히 보지않고 대강대강 둘러본다는 뜻입니다.

301

차래지식(嗟來之食)

嗟(차) 탄식하다
來(래) 올
之(지) 갈
食(식) 먹을

"야"하고 부르면 와서 먹는 음식. 〈차〉는 감탄사로 .야!' '자! · 옛다' 의 뜻. 그러니까 남을 업신여겨 무례한 태도로 주는 음식을 말합니다.

춘추시대의 어느 해 제나라에 큰 기근이 들었습니다. 많은 사람들이 초근목피로 연명을 하거나 그것도 못하는 사람은 주린 배를 움켜잡고 죽음을 기다리는 수밖에 없었습니다. 이를 보다 못한 검오라는 부자가 음식을 해다가 길가에 벌여놓고 굶주린 사람들에게 나누어 주고 있었습니다. 어느 날 얼마나 굶었는지 걸음도 제대로 옮기지 못하는 어떤 남자가 다 헤어진 옷소매로 얼굴을 가리고 짚신을 질질 끌면서 걸어 오고 있었습니다. 그 초라하고 기진맥진한 모습을 바라보고 있던 검오는 왼손에 음식을, 오른손에 마실 것을 들고 말했습니다.

"야! 이리 와서 먹어(嗟來食)."

검오는 당연히 그 남자가 허겁지겁 다가와서 음식물을 움켜쥘 줄 알았습니다. 그러나 그 남자의 태도는 너무나 뜻밖이었습니다. 그는 눈을 치켜뜨고 한참 동안 검오를 쳐다보더니 입을 열었습니다.

"나는 지금까지 이따위 남을 업신여기며 던져주는 음식을 먹지 않았기 때문에 이 꼴이 되었소(予不食嗟來之食 以至於斯也 · 여불식차래지식 이지어사야). 당신의 이같은 적선은 받아들일 수가 없소."

검오는 머리를 된통 한 대 얻어맞은 기분이었습니다. 한 방 쏘아주고는 뒤도 돌아보지 않고 걸어가는 그 남자를 검오는 쫓아가서 무례를 사과하고 음식을 받아주기를 간청했습니다 그러나 그는 끝내 음식받기를 거절하면서 몇 걸음 더 걷다가 쓰러지고 말았습니다. 주려 죽은들 차래지식은 받아 먹을 수 없었기에 그는 마침내 허기져 죽은 것이었습니다.

차래지식은 음식말고도 모욕적인 성금이나 의연금품을 일컫기도 합니다.

창상지변(滄桑之變)

滄(창) 큰바다
桑(상) 뽕나무
之(지) 갈
變(변) 변하다

　이 고사성어는 인간세상의 온갖 일들이 삽시간에 변하는 것을 비유해서 한 말인데 원래는 푸른 바다가 변해 뽕나무밭이 된다는 뜻을 가진 성어입니다.
　당나라 초기의 시인 유정지가 지은 "흰 머리털을 슬퍼하는 늙은 이를 대신한다."라는 제목의 글에 나오는 말이기도 합니다.

낙양성 동쪽의 복숭아와 오양나무에 핀 꽃은,
날아오고 또 날아가 누구의 집에 떨어지는가
낙양의 소녀들은 아쉬워 하는 얼굴빛으로,
날아가 떨어진 꽃잎을 보며 길게 탄식하고 있다.
올해 꽃잎이 떨어져 얼굴빛이 달라졌는데,
내년에 꽃이 피게 되면 누가 다시 있으리오.
잣나무와 소나무는 부서져

땔나무감이 되고 마는 것을 이미 보았는데
다시 뽕나무밭이 변해 바다가 되는 것을 듣는다.

채미지가(采薇之歌)

采(채) 캐다
薇(미) 고사리
之(지) 갈
歌(가) 노래

　고사리를 캐는 노래라는 뜻의 채미지가는 굳은 절개를 표현하
는 노래라는 뜻으로 사용됩니다. 이 말이 나오게 된 유래는 다음
과 같습니다.

　은나라 말기에 고죽국의 군주에게 백이와 숙제라는 두 아들이 있
었습니다. 아버지는 작은 아들인 숙제에게 군주 자리를 물려 줄 생
각이었습니다. 그러다가 아버지가 죽게 되었는데, 숙제는 차마 형
을 제쳐놓고 왕위에 오를 수가 없어서 형 백이에게 양보했습니다.
그러자 백이 역시 아버지의 뜻을 거역할 수 없다면서 나라 밖으로
몸을 숨기고 말았습니다. 그러자 아우인 숙제 역시 왕위에 오르지
않고 형의 뒤를 따랐습니다.

　두 아들은 노인을 잘 대접한다는 서백창(西伯昌)을 찾아가 그에
게 의탁하기로 했습니다. 그러나 그들이 갔을 때 서백창은 이미
죽고 없었는데, 그의 아들 무왕은 은나라의 주왕을 공략하기 위해

막 출정하려는 참이었습니다. 그들은 급히 무왕의 말고삐를 잡으며 말했습니다. "아버지의 장례식도 올리지 않은 지금 전쟁을 한다는 것이 옳은 일이 겠습니까? 또한 신하된 도리로 주군을 죽인다는 것, 역시 인(仁)이라 할 수 있겠습니까?" 그때 무왕의 측근들이 달려와 두 사람의 목을 베려고 했습니다. 그러자 태공망(太公望) 여상(呂尙)이 그들의 앞으로 나서며, "이 분들이 바로 의인(義人)이다."라고 말하며 모두 쫓아버렸습니다. 그 이후 무왕이 은나라를 평정하고 천하가 주나라의 손아귀에 들어가게 되었습니다. 그러나 백이와 숙제는 주나라의 신하가 된 입장을 부끄럽게 생각하며 주나라의 곡식을 일체 먹지 않고 절개를 지켰습니다. 그들은 수양산(首陽山)으로 들어가 고사리나물을 먹어가며 목숨을 부지했습니다. 그러나 나중에는 고사리조차 먹지 않았습니다. 그것도 역시 주나라에 있는 식물이기 때문이었습니다.

　결국 그들은 굶어 죽으며 시를 지었는데, 그것이 바로 채미지가로 다음과 같은 내용입니다.

　수양산에 올라가 그 곳에 있는 고사리를 캐먹자,
　사나움을 가지고 사나움을 바꾸면서도 무왕은 그것의 옳지 못함을 알지 못한다.
　신농씨와 순임금, 우임금과 같은 성천자의 시대는 소리도 없이 가버리고 말았다.
　우리들은 이제 어디로 돌아갈 것인가?
　아아, 길은 오직 죽음 뿐이구나.
　우리들 두 사람의 운명도 이제 쇠퇴해 가고 있다.

그리하여 두 사람은 그 곳 수양산에서 굶어 죽고 말았던 것입니다.

천고마비(天高馬肥)

天(천) 하늘
高(고) 높다
馬(마) 말
肥(비) 살찌다

천고마비라는 말은 당나라 시인 두심언의 시에서 유래된 것입니다.

당나라 때 소미도라고 하는 사람이 어느 해 흉노족을 막기 위해 길을 떠나게 되었습니다. 그런데 그 당시 두심언이라는 유명한 시인과 그는 아주 친한 사이였습니다.

두심언은 소미도를 전쟁터로 보내면서 다음과 같은 시를 써주었습니다.

구름이 깨끗하니 요사스러운 별은 땅에 떨어지고,
가을의 하늘이 높으니 요새의 말은 살찐다.
안장에 의지한 채 영웅의 칼이 움직이고,
붓을 움직여 격문을 날린다.

이것은 결국 소미도가 이길 것이라는 뜻으로서 원래 "천고마비"
는 전쟁과 관계가 있는 말이었습니다. 그러나 요즈음은 먹을 것이
많고 활동하기도 좋기 때문에 가을이 좋은 계절임을 이르는 말로
사용됩니다.

천도시비(天道是非)

天(천) 하늘
道(도) 길
是(시) 옳다
非(비) 아니다

하늘의 뜻은 옳은 것이냐 그른 것이냐. 가장 공명정대하다고 여겨지는 하늘은 과연 바른 자의 편인가 아닌가. 세상의 불공정을 한탄하며 하늘의 정당성을 의심하는 말입니다.

한나라 무제 때 기록관중의 우두머리 벼슬인 태사령으로 있던 사마천은 흉노와 용감하게 싸우다가 중과부적으로 포로가 된 명장 이릉(李陵)을 변호한 죄로 무제의 노여움을 사서 궁형(宮刑·생식기를 자르는 형벌)에 처해졌습니다.

정당한 것을 정당하게 주장하다가 형벌을 받은 사마천은 인간의 정당한 역사를 자신의 손으로 써 남기겠다고 결심하게 되었습니다. 그리하여 그가 죽음보다도 견디기 어려운 치욕을 씹어가며 실로 초인적인 노력으로 써낸 것이 저 유명한 사기(史記) 1백 30여 권입니다. 백이열전(伯夷列傳)에서 사마천은 이렇게 말합니다.

"흔히 하늘은 정실이 없어서 언제나 착한 사람 편을 든다(天道無親 常與善人. 천도무친 상여선인)고 하는데 그건 부질없는 말이다. 이 말대로라면 착한 사람은 언제나 번영해야 할 것이다. 그러나 과연 그런가. 어질기만 했던 백이와 숙제는 청렴고결하게 살다가 굶어 죽었다. 70명 제자 중에서 공자가 가장 아끼고 칭찬한 안연(顔淵)은 가난에 찌들어 쌀겨도 제대로 먹지 못하다가 젊은 나이에 죽고 말았다. 하늘이 착한 사람편을 든다면 이는 어찌 된 까닭인가. 도척은 죄 없는 사람을 죽이고 사람의 간으로 회를 쳐먹는 등 악행을 일삼았으나 끝내 제 목숨을 온전히 누리고 죽었다. 도대체 무슨 덕을 쌓았기 때문인가. 이런 예들은 너무나 두드러진 것이지만 이같은 일은 일상 생활 주변에서 얼마든지 일어나고 있다."

이렇게 말한 사마천은 "과연 천도(天道)는 시(是)냐 비(非)냐"라고 외쳤다고 합니다.

"천도시비"라는 고사성어는 그러한 연유로 생겨나게 되었습니다.

천리안(千里眼)

千(천) 일천
里(리) 마을
眼(안) 눈

천 리 밖도 볼 수 있는 눈이라는 이 말은 그만큼 모든 일을 날카롭게 꿰뚫어 볼 수 있는 능력을 뜻합니다. 천리안에 대한 고사는 다음과 같습니다.

양일이라는 사람이 있었는데 북위(北魏) 말엽인 장제(莊帝)때 29세의 나이로 광주(光州)의 장관이 되었습니다.

그는 명문귀족이었음에도 불구하고 조금도 교만하지 않았고 밤낮없이 침식을 잊을 정도로 고을 백성들이 잘 살도록 하기 위해 노력했습니다.

양일의 그러한 정치로 고을에서 도둑들이 없어질 정도였습니다. 또한 당시 계속된 흉년으로 인해 굶어 죽는 사람들이 생기자 국가의 창고를 열어 곡식을 나누어 주려 했습니다.

그러나 담당관이 그것을 꺼려하자 양일은 "백성은 나라의 기본이다. 그 백성들이 굶주리는 판에 군주만 배불리 먹어서야 되겠는가."

그리하여 백성들에게 골고루 곡식을 나누어 준 뒤에 양일은 직접 임금에게 상소했습니다. 상소를 받은 조정에서는 극력 반대하는 대신들이 있었지만, 임금인 장제는 그러한 조치를 가상하게 여겼습니다.

양일은 또한 관리가 끼치는 민폐를 가장 싫어했기 때문에 하급 관리가 지방으로 갈 때는 꼭 자기가 먹을 식량을 가져가도록 했습니다. 어떤 때 백성들이 식사나 그 외의 대접을 하겠다고 하면 관리들은 한결같이 거절하며 "양장관께서는 천 리 앞을 볼 수 있는 눈(천리안 千里眼)을 가지고 계시다. 어떤 사람도 양장관의 눈을 속이지는 못한다."라고 말했다고 합니다.

천의무봉(天衣無縫)

天(천) 하늘
衣(의) 옷
無(무) 없다
縫(봉) 꿰맬

천의무봉은 바느질한 자리가 없는 선녀의 옷처럼 기교없는 자연스러움을 이르는 말로 사람의 성격이나 행동 뿐 아니라 시나 문장을 평할 때도 자주 사용 됩니다.

문학에 정통하고 글씨도 잘 쓰며 교양까지 두루 갖추어 세속을 초월한 청년 곽한(郭翰)은 태원(太原)에 살고 있었는데, 어려서 부모를 여읜 그는 홀로 지내고 있었습니다.

어느 여름 날 밤이었습니다.

달빛이 찬란한 마당에 간단한 침상을 만든 뒤 옆으로 누운 채 시원한 바람을 쐬였습니다. 그때 문득 이루 말할 수 없는 향기가 바람에 실려오는 것을 느끼게 되었습니다.

향기가 더욱 진하게 느껴지자 그는 몹시 의아해 하며 하늘을 쳐다보았습니다. 그러자 문득 사람의 그림자 같은 것이 하늘에서 내

려와 섰는데, 그것은 눈이 부시도록 아름다운 처녀였습니다.

검은 비단옷 차림에 서리와 같이 얇은 소매없는 비단 옷, 신발은 푸른 봉황의 벼슬을 구슬 모양으로 수놓은 것이었습니다 어디로 보나 하늘의 선녀와 같은 용모였습니다.

그 여자가 거느리고 있는 두 명의 시녀 역시 세상에서 볼 수 없는 절세의 미인들이었습니다.

곽한은 얼른 일어나 옷깃을 여미며 그 앞에 무릎을 꿇었습니다. 그러자 처녀가 웃으며 말했습니다.

"나는 하늘의 직녀인데 남편과 헤어진지 오래 되다 보니 쓸쓸해서 답답한 병에 걸렸습니다. 그리하여 천제의 승낙을 얻어 잠시 쉬기 위해 하계(下界)에 내려 온 것입니다."

즉 곽한이 속세의 티끌을 떠나 살려는 고상한 뜻을 사모한 나머지 내려왔다는 것이었습니다.

"황공한 말씀입니다."

그러자 직녀는 시녀들에게 집안을 깨끗이 치우도록 명했습니다. 침대에는 붉은 비단휘장이 드리워졌습니다. 또한 수정으로 엮은 깔개가 깔린 다음 시녀들이 부채질을 해주었습니다.

직녀가 입었던 붉은 비단잠옷에서는 향기가 뿜어나오며 침실을 가득 채웠습니다. 그 곳에서 두 사람은 아기자기한 가운데 사랑을 나누었습니다.

이튿 날 아침이 되자 직녀는 구름을 타고 하늘로 올라갔습니다. 그날부터 직녀는 밤마다 하늘에서 내려와 곽한과 사랑을 나누었습니다.

어느 날 직녀는 곽한을 위해 특별히 하늘의 요리를 가지고 왔습니다. 세상에는 하나도 없는 진귀한 요리였습니다. 그때였습니다. 문득 직녀의 옷을 본 곽한은 깜짝 놀랐습니다. 꿰맨 자리가 전혀 없었기 때문이었습니다.

"하늘나라의 옷은 바늘이나 실로 꿰매지 않습니까?"

"그렇습니다."

직녀가 입은 옷은 그녀가 돌아갈 때면 저절로 그녀의 몸을 가렸습니다. 그렇게 일 년쯤 지난 어느 날 밤 직녀가 곽한의 손을 잡고 말했습니다.

"천제로부터 승낙받은 기한이 끝났습니다. 이제 이 밤이 마지막 작별일 것입니다."

그날 밤 두 사람은 밤새도록 한잠도 자지 않고 이별을 서러워했습니다.

이것은 태평광기(太平廣記) 제68권에 나와 있는 곽한에 대한 이야기인데 이 이야기에서 비롯되어 하늘의 선녀 옷처럼 꿰맨자리나 기교의 흔적이 없는 아름다움을 천의무봉이라 합니다.

천재일우(千載一遇)

千(천) 일천
載(재) 실을
一(일) 하나
遇(우) 만나다

　이 고사성어는 동진(東晉)의 원굉(遠宏)이라는 사람이 엮은 『삼
국명신서찬(三國名臣序贊)』에 나오는 말인데, 바로 천 년에 한 번
만난다는 뜻을 가지고 있습니다. 즉 천재의 재(載)는 해를 의미합
니다.

　동진(東晉)시대의 학자인 원굉은 30권에 달하는 후한기(後漢紀)
와 죽림명사전(竹林名士傳) 3권 등 3백여 편의 작품을 남겼는데,
그 중에서 가장 유명한 것이 바로 〈삼국명신서찬〉입니다.
　이것은 위나라와 촉나라 및 오나라 등 3국의 명신(名臣) 20명을
열거하여 한 사람씩 칭찬한 산문형식의 작품인데 그 가운데 한 사
람인 위나라의 순익(荀彧)에 관한 글이 있습니다.

　순익은 조조와 함께 동탁의 횡포에 반대하며 의병을 일으킨 사

람이지만 결국 조조에게 미움을 받아 답답한 번민을 하다가 죽은
사람입니다.

　이러한 순익에 대하여 원굉은 훌륭한 군주와 뛰어난 신하가 만
나는 기회는 천년에 한 번쯤 있다고 하였는데 이 글에서 부터 천
재일우는 천년에 한 번 만날 정도의 귀하고 좋은 기회를 뜻하게
되었습니다.

철면피(鐵面皮)

鐵(철) 쇠, 철
面(면) 얼굴
皮(피) 가죽

쇠처럼 두꺼운 낯, 즉 뻔뻔한 사람이라는 뜻의 철면피는 『복몽쇄언』이란 책에 실린 고사성어입니다.

송나라의 왕과원이라는 사람은 학문과 재주가 뛰어나 어렵지 않게 진사 시험에 합격했습니다. 하지만 그는 출세를 위해서라면 권세를 가진 사람 누구에게나 아첨을 했습니다. 그의 아첨은 듣는 사람이 낯간지러워서 차마 고개를 들 수가 없을 정도였습니다.

어느 날은 한 관리가 술에 취해 채찍으로 그를 때리자, 그는 "때리세요. 매는 때리라고 있는 것이니 기꺼이 맞겠습니다."라고 말하며 전혀 화를 내지 않았다고 합니다.

그러자 이를 본 사람들이 "저 사람은 정말 철갑을 두른 것처럼 얼굴이 두껍네."라고 말했으며 철면피라는 말이 생겨났다고 합니다.

철부지급(轍鮒之急)

轍(철) 수레바퀴 자국
鮒(부) 붕어
之(지) 갈
急(급) 급할

    수레바퀴 자국 속의 붕어라는 뜻의 철부지급은 매우 다급한 위기나 몹시 궁색한 형편을 비유하여 사용하는 말입니다.

    『장자』의 〈외물편(外物篇)〉에 보면 그것에 대한 다음과 같은 이야기가 있습니다.

    집이 몹시 가난한 장자가 곡식을 빌리기 위해 감하후(監河侯)에게 가서 부탁하자 냉정하게 거절할 수 없었던 감하후는 다음과 같이 말했습니다.

    "빌려는 주겠네. 하지만 장차 이 고을의 도조(賭租)를 걷을 생각이라네. 그러니 그때에 가서 자네에게 3백 금을 빌려 주려고 하는데 자네의 생각은 어떤가?"

    그러자 장자는 낯빛이 변하도록 화를 내며 다음과 같은 이야기를 했습니다.

내가 어제 이리로 올 때 중간에서 누가 부르고 있기에 돌아다
보니 수레바퀴가 지나간 자국 속에 붕어가 있었습니다.

　"붕어야, 그대는 거기서 무엇을 하고 있는 건가?"

　"당장 죽을 지경이니 물을 조금 줘서 나를 살려 주시오."

　"글쎄, 나는 장차 남쪽에 있는 오월(吳越)의 왕에게 놀러갈 생각
이다. 그때에 서강(西江)의 물을 잔뜩 가지고와서 그대를 도와 주
겠네 그래도 좋겠지?"

　그러자 붕어는 화가 나서 얼굴빛이 변하며 소리쳤습니다.

　"나는 말이나 되 정도의 물만으로도 족히 살 수 있소. 그런데 그
렇게 말하다니, 차라리 어물전에 가서 나를 찾아보는 것이 더 낫
겠소!"

　아주 급박한 처지의 사람에게 먼 훗날에 돕겠다는 약속은 필요
없다는 장자의 비유였습니다.

　이처럼 철부지급은 아주 다급한 처지나 위기를 이르는 말로 사
용됩니다.

청운지지(靑雲之志)

靑(청) 푸르다
雲(운) 구름
之(지) 갈
志(지) 뜻

옛날에는 청운의 뜻을 가졌는데,
때를 놓쳐 백발의 나이로다.
누가 알랴.
밝은 거울 속에 그림자와 내가 서로가 가련하게 여기는 것을.

이 시는 장구령이 지은 〈거울을 비추어 백발을 본다(照鏡見白髮)〉에 나오는 글입니다.

장구령은 당나라 현종 때 재상벼슬을 하다가 이림보(李林甫)의 참언으로 하야한 인물입니다. 강직한 충신으로 알려진 인물이기도 합니다.

그가 관직에서 물러나며 쓴 이 시에서 사용한 청운의 뜻(청운지지)은 보통 입신출세하려는 야망이라는 뜻으로 이해 됩니다. 하지만 때로는 속세를 벗어나려는 마음으로 이해되기도 합니다.

청천백일(靑天白日)

靑(청) 푸르다
天(천) 하늘
白(백) 흰
日(일) 날

청천백일은 중당(中唐)의 문호 한유가 지은 『최군(崔群)에게 보
내는 글(與崔群書)』에서 나오는 말입니다. 한유는 동도(東都)에서
친구와 헤어져 임지로 돌아갔는데, 친구 최군은 그 뒤에 선성(宣
城)으로 부임하게 되었습니다. 그러자 한유는 친구에게 빨리 돌아
와 주기를 다음과 같이 간청했습니다.

뛰어난 인품을 가진 당신은 어떤 곳에서 어떤 경우에 처한다 해도
즐거움을 쉽게 버리지 않으며 어떤 일로도 마음을 괴롭히지 않을 것
이다. 그러나 지금의 관직이나 강남의 땅은 당신에게 맞지 않네.
당신은 수많은 나의 친구들 가운데 마음이 가장 밝고 순수하며 빛
나는 해처럼 참신한 사람이네. 하지만 요즘에 들어서서 그러한 당신
에 대해 의심을 품는 자가 생겨 났다네. 그들은 아무리 훌륭해도 나
쁜 감정이 있을 수 있는데, 모든 사람이 복종한다고 하니 그렇게 훌

룽한 사람이 있을 수 있다는 것이 의심스럽다고 말하고 있네. 그래서 나는 "봉황새와 지초(芝草)는 모든 사람들이 아름답고 상서롭다고 말한다. 또한 아무리 노예라고 한들 푸른 하늘의 맑고 밝음(청천백일 靑天白日)을 알고 있다.

이것을 음식에 비유할 경우, 먼 곳의 진미에 대해서는 이를 곧 즐기는 자가 있고 그렇지 않은 자가 있기 마련이다. 그러나 쌀이나 수수나 회, 적에 대해서는 어찌 싫어하는 사람이 있겠는가?라고 말하였네."

이 편지에서 한유는 친구의 훌륭한 인격을 봉황새와 지초, 그리고 푸른 하늘의 밝은 해로 나타내고 있는 것을 알 수 있습니다.

정리해서 말하자면 청천백일이란 맑고 밝게 개인 하늘의 태양을 그 사람의 인덕에 비유한 것이었습니다.

이처럼 청천백일은 누가 보아도 훌륭한 인품을 나타내는 뜻이었습니다. 그러나 세월이 흐르면서 아무런 부끄러움도 없고 뒤가 어둡지도 않은 결백함, 혹은 죄가 없다는 사실이 판명되어 무죄의 몸이 되었다는 뜻으로 사용되고 있습니다.

청천벽력(靑天霹靂)

靑(청) 푸르다
天(천) 하늘
霹(벽) 벼락
靂(력) 벼락

이 말은 뜻밖에 일어난 돌발적인 어떤사고, 또는 급격한 변화의 발생 등에 있어서 꼭 인용되는 고사성어로서 밝고 맑은 하늘에서 갑자기 일어나는 우레라는 것이 원래 가지고 있는 뜻입니다.

이 말이 유래된 것은 남송(南宋)의 유명한 시인 육유(陸游)가 지은 『오언고시(五言古詩)』 가운데 "9월 4일 닭은 아직 울지도 않았는데 일어 나서 지었음."이라는 시에서 그 유래가 비롯되고 있습니다.

그 시의 내용은 다음과 같습니다.

방옹이 가을 동안 병으로 지내다가
홀연히 일어나 술에 취한 듯 글을 쓰네.
구멍에 오래 머문 용처럼
푸른 하늘에 벼락을 치네(청천비벽력 靑天飛霹靂).

　이처럼 청천벽력은 원래 육우가 자신이 쓴 글씨의 멋을 표현한 것입니다. 그러나 현재는 보통 갑자기 일어난 사건, 이변을 이르는 말로 사용되고 있습니다.

청출어람(靑出於藍)

靑(청) 푸르다
出(출) 낳다
於(어) 어조사
藍(람) 쪽

쪽에서 나온 푸른색이 쪽보다 더 푸르다는 이 말은 스승에 비해 제자가 더욱 뛰어나다고 할 경우에 사용하는 말입니다. 『순자(荀子)』의 〈권학편(勸學篇)〉 첫머리에 다음과 같은 내용의 문장이 있습니다.

군자가 말했다.

배움은 그치면 안 된다.
푸름은 그것을 쪽에서 취했지만,
쪽보다 푸르며(청취지어람이청어람 靑取之於藍而靑於藍),
얼음은 물로 이루어진 것이지만 물보다 차다.

초인유궁초인득지
(楚人遺弓楚人得之)

楚(초) 초나라   弓(궁) 활
人(인) 사람   得(득) 얻다
遺(유) 잃을   之(지) 가다

이 고사성어는 초나라사람이 잃어버린 화살은 결국 초나라사람이 얻어간다는 뜻을 가진 말인데. 『설원(說苑)』과 〈공총자(孔叢子)〉. 〈공자가어(孔子家語)〉 등에 나와 있는 말이기도 합니다.

설원의 필자 유향(劉向)은 전한(前漢)의 인물이며 그는 공자의 생각은 역시 그 도량을 헤아릴 수 없다는 결론을 내리는 가운데 『지공편(至公篇)』에서 다음과 같이 말하고 있습니다.

초나라의 공왕(共王)이 사냥하러 나갔다가 그만 실수하여 활을 잃어버리게 되었습니다. 좌우의 신하들이 활을 찾으려하자 공왕이 말했습니다.

"찾을 필요가 없느니라. 초나라 사람이 잃어버린 활을 초나라 사람이 주워갈 터인데 그걸 찾아서 무얼 하겠느냐." 이 말에 신하들은 공왕의 도량이 넓다고 감탄하였습니다. 그러나 뒷날 그 말을 들은 공자께서 말했습니다.

"애석하구나. 그는 절대로 큰 인물이 아니다. 사람이 잃어버린 활이니 역시 사람이 주워갈 것이라고 말하는 것이 마땅한 일인데. 어째서 하필이면 초나라사람 뿐이란 말인가."

따라서 초인유궁초인득지는 도량이 좁음을 의미하는 말로 사용되고 있습니다.

촌철살인(寸鐵殺人)

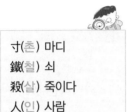

寸(촌) 마디
鐵(철) 쇠
殺(살) 죽이다
人(인) 사람

이것은 한 촌도 되지 않는 칼날이 사람을 죽일 수 있다는 뜻으로 쓰여지는 말인데, 고대 중국에서는 성인 남자의 손가락 한 마디의 길이를 촌(寸)라고 했으며, 철(鐵)은 칼날이나 다른 무기를 의미했습니다.

경우에 따라서는. "촌철이 사람을 죽인다."라고 직선적으로 말하기도 했습니다.

이 말의 근본이 되는 촌철은 남송(南宋)의 나대경(羅大經)이 지은 〈학림옥로(鶴林玉露)〉에 나오는 촌철살인이라는 단어에 있습니다. 나대경은 주자(朱子)의 제자들 가운데 한 사람인데 보경 2년에 진사가 된 인물입니다.

학림옥로는 그가 매일처럼 찾아오는 손님들과 나눈 청담(淸談)이나 시 등을 기록한 것이며, 천(天), 지(地), 인(人) 등으로 되어 있습니다. 그 7부에서 그는 다음과 같이 말하고 있습니다.

종고가 선(禪)을 논하며 이렇게 말했습니다.

"비유하자면 한 수레나 되는 병기를 싣고 왔다고 해서 바로 사람을 죽이는 수단이 되지는 못한다. 나는 오직 촌철만 있어도 금방 사람을 죽일 수 있다."

여기서 살인은 사람을 죽이는 것이 아니라 마음 속의 속된 생각을 없애는 것입니다. 따라서 촌철살인은 잡다한 방법보다 집중하여 수련한 작은 것 하나가 큰 변화를 이룬다는 뜻입니다. 이런 의미가 현대에 와서는 짧고 압축된 단어로 상대의 허를 찌르는 것을 의미하게 되었습니다.

추고마비(秋高馬肥)

秋(추) 가을
高(고) 높다
馬(마) 말
肥(비) 살찌다

　추고마비는 천고마비와 같은 뜻으로 우리나라 사람들은 천고마
비라는 말을 더 자주 사용하는데, 그것은 원래 흉노족이 자주 중
국을 침범하던 시기에 "가을 하늘이 높고 요새의 말은 살찐다."는
뜻으로 생겨난 말입니다.

　당나라 초기의 두심언(杜審言)은 유명한 시인인 두보의 조부가
되는 사람인데, 역시 뛰어난 그의 시문 가운데 『증소미도(贈蘇味
道)』라는 오언배율(五言排律) 한 수에서 다음과 같은 내용을 볼 수
있습니다.

　　구름이 깨끗하니 요사스러운 별은 땅에 떨어지고,
　　가을의 하늘이 높으니 요새의 말은 살찐다.
　　안장에 의지한 채 영웅의 칼이 움직이고,
　　붓을 움직여 격문을 날린다.

이것은 다음과 같은 뜻으로 해석할 수 있는 말입니다.

 당나라의 군대가 승리했기 때문에 평화를 구가하고 있으며, 가을
철의 날씨가 좋으니 요새에 있는 말들도 살이 찐다.

그러나 흉노족(匈如族)이 위세를 떨치던 무렵의 중국인들에게
는 그 말이 결코 어울리지 않았습니다.
 왜냐하면 말이 살찌는 가을은 흉노족이 겨울양식을 마련하기
위하여 중국을 가장 빈번히 침입하는 계절이기때문입니다.
 이처럼 추고마비는 천고마비처럼 군사와 관련된 말이었지만 현
재는 가을이 좋은 계절임을 의미하는 말로 사용되고 있습니다.

축록자불견산(逐鹿者不見山)

逐(축) 쫓다　不(불) 아니다
鹿(록) 사슴　見(견) 보다
者(자) 놈　山(산) 뫼

이것은 원래 사슴을 쫓는 자는 산을 바라볼 수 없다는 뜻으로 생겨나게 된 말인데, "욕심에 눈이 어두어진 자는 도리를 잊어버리게 된다."라는 뜻으로 널리 사용되고 있습니다.

한무제 때 유안이 편찬한 『회남자(堆南子)』의 〈설림훈편(說林訓篇)〉에 보면 다음과 같은 기록을 찾아볼 수 있습니다.

"짐승을 쫓는 사람은 눈으로 큰 산을 볼 수 없다. 욕심만 쫓으면 밝음이 가리워지기 때문이다."

또한 남송시대의 허당록(虛堂錄)에 "사슴을 쫓는 사람은 산을 보지 못하며(축록자불견산 逐鹿者不見山) 돈을 움켜진 사람은 사람을 보지 못한다."는 글이 있습니다.

모두 눈 앞의 욕심때문에 도리를 잃거나 위험에 빠짐을 이야기하고 있습니다.

치인설몽(痴人說夢)

痴(치) 어리석다
人(인) 사람
說(설) 고한다, 말씀
夢(몽) 꿈

이 단어는 원래의 말뜻대로 풀이하자면 어리석은 사람에게는 꿈 이야기를 아무리 해도 전혀 통하지 않는다는 것이었습니다.

『냉재야화(冷齊夜話)』는 남송(南宋)사람 석혜홍(釋惠洪)이 지은 것인데 제9권에 보면 다음과 같은 이야기가 소개됩니다.

승가 (僧伽)는 용삭(龍朔) 연간에 양자강과 회하(淮河) 사이를 왕래 하며 유람했습니다. 그의 행동이 매우 이상하게 보였는데, 궁금하게 여긴 어떤 사람이 물었습니다.

"그대의 성은 무엇인가?"

"하씨요."

"어느 나라 사람인가?"

"하국 사람이다."

승가가 죽은 뒤 당나라 사람 이옹(利邕)이 비석을 만들 때 승가의 농담을 제대로 깨닫지 못하고서 "대사의 성은 하 씨이고 또한 그는 하국 사람이었다."라고 썼습니다.

이를 두고 석혜옹은 "어리석은 사람에게 꿈 이야기를 한 것이다. 이옹은 꿈 이야기를 참으로 믿은 것이다."

이러한 뜻의 치인설몽이 세월이 흐름에 따라 어리석은 짓 또는 어리석은 사람이 두서없이 떠들어 댄다는 뜻으로 사용되고 있습니다.

침어낙안(沈魚落雁)

沈(침) 잠긴다
魚(어) 물고기
落(낙) 떨어지다
雁(안) 기러기

이것은 아름다운 여자를 표현할 때 사용하는 고사성어인데, 물고기가 연못에 잠기고 기러기가 하늘에서 떨어진다는 것이 원래 가지고 있는 뜻입니다. 장자의 『제물론편(齊物論篇)』에 보면 설결과 왕예(王倪)의 문답내용을 이야기 형식으로 풀어놓은 것이 있습니다.

그 가운데 다음과 같은 왕예의 말이 기록되어 있습니다.

백성들이 돼지와 쇠고기를 먹고,
큰 사슴과 사슴은 풀을 먹고,
지네는 뱀을 달게 여기고,
까마귀나 새는 쥐를 맛있게 먹는다.
이 네 가지는 모두 진짜 맛이 무엇인지 알고 있다.
원숭이는 편저(編狙)라는 추한 원숭이의 암컷을 쫓고,

큰 사슴은 사슴과 어우러져 교미를 하고,

미꾸라지는 물고기와 어울려서 논다.

모장과 여희를 사람들은 아름답게 생각하고 있다.

물고기는 그들을 보게 되면 깊이 들어가고,

새는 그들을 보게 되면 더욱 높게 날고,

큰 사슴과 사슴은 그녀들을 보면 도망치지 않을 수 없을 것이다.

이 네 가지 가운데 누가 과연 천하의 가장 올바른 색을 알 수 있을 것인가?

내가 보기에 인의(仁義)의 끝과 옳고 그른 것의 한계가 뒤섞여 매우 혼란할 뿐이다.

내 어찌 그것들을 구별할 수 있을 것인가!

앞의 이야기 가운데 미인을 보면 물고기는 깊이 물 속으로 들어가고, 새는 하늘 높이 날아오른다는 말에서 미녀를 비유할 때 침어낙안이라는 말이 나오게 되었습니다.

그때부터 사람들은 뛰어난 미인을 비유할 때 그 말을 자주 사용하게 되었습니다.

그것과 비슷한 말로 폐월수화(閉月羞花)라는 단어가 있습니다. 달이 구름 속에 숨어들고 꽃잎이 부끄러워한다는 뜻을 가진 말입니다.

칭천(지계)(稱薦(之計))

稱(칭) 일컫는다
薦(천) 천거, 드린다
之(지) 갈
計(계) 꾀

　조조의 불량소년시절은 스무 살이 되기 전에 끝났던 것 같습니다. 그것은 바탕이 그래서 빗나간 것이 아니라 어릴 때 객기로 이런 짓 저런 짓을 마구잡이로 저질러 본 것 뿐 마음 속은 멀쩡해서 제 갈 길을 나름대로 모색하는 과정에서의 행태에 불과했음을 의미합니다.

　당시 세상은 치세(治世)라 할 형편은 못되었지만 그런대로 한제국의 사직이 아직도 전국을 통제하고 있을 때라 그도 일단 능신(能臣)으로 나라를 바로잡아 보려고 효렴(孝廉)에 천거되는 대로 벼슬길에 나서 관리 후보생이 되었습니다. 정상적인 출세코스를 탄 것입니다. 그리하여 나이 20에 수도경비대장에 임명되었습니다. 구제불능으로 보이던 그가 어린 나이에 수도경비의 요직을 맞는다는 것은 좀 어울리지 않는 것 같지만 아마 황제의 신임을 받던 할아버지인 환관 조등, 태위(太尉)를 지낸 아버지 조승의 힘이 작용했던 게 아닌가 싶습니다.

어떻든 경비대장에 취임하자 낙양(洛陽)의 동서남북, 사방에 있는 성문을 수리해서 허술한 곳을 없앤 다음 다섯 가지 색깔을 칠한 곤봉을 만들어 성문 좌우에 10여 개씩 늘어 세웠습니다. 그리고는 종래 유명무실 하던 야간 외출금지령을 엄격히 실행하여 이를 어기면 지위 고하를 막론하고 모두 때렸습니다. 그 바람에 새로 온 대장은 무서운 사람이라는 소문이 돌아 위반자가 뚝 그쳤습니다. 그리하여 몇 달이 지났습니다.

그 당시 영제(靈帝)가 무던히 총애하는 환관중에 건석(蹇碩)이라는 자가 있었습니다. 이 자의 숙부되는 사람이 금령을 어기고 나가려다 붙들렸습니다. 이 자는 자기 조카의 권세를 내세워 큰 소리를 쳤으나 조조는 들은 척도 않고 여느 사람과 마찬가지로 곤봉으로 때렸습니다. 이 소문이 돌자 온 장안이 벌벌 떨었고 그 후로는 감히 금령을 어기는 자가 한 사람도 나타나지 않았습니다.

그러니 그동안 황제를 둘러싸고 온갖 못된 짓을 다해오던 환관들의 심사가 편할 리 없었습니다. 앙갚음을 하려고 별의 별 궁리를 다 해보았으나 조조의 행적에 빈틈이 없으니 도리가 없었습니다. 자칫 잘못했다가는 젊은 조조에게 책을 잡힐 것도 같았습니다. 그렇다고 그 자리에 그대로 두었다가는 무슨 화를 당할지도 몰랐습니다. 그래서 그들이 짜낸 꾀가 칭천(稱薦)이었습니다.

환관들은 갑자기 입에 침이 마르도록 조조를 칭찬하기 시작했습니다. 그리고는 한낱 경비대장으로 두기에는 아까운 인물이니 좀더 자리를 높여 좋은 곳으로 보내야 한다고 주장했습니다. 당시

황제란 것이 환관들의 꼭두각시라 그 말을 믿고 조조는 소위 돈구현의 지사로 영전됐습니다. 이름이 좋아 지사지 별 볼일 없는 시골의 한직으로 내쫓긴 것입니다.

  즉, 적을 천거함으로써 적을 제거하는 칭천지계를 사용한 것입니다.

창졸지간(倉卒之間)
어떻게 할 수 없이 급작스러운 동안 이라는 뜻입니다.

창해일속(滄海一粟)
넓고 깊은 바다에 좁쌀 한 알이라는 말이므로, 우주 가운데 인간의 존재가 극히 미약하고 보잘 것 없다는 뜻입니다.

천양지차(天壤之差)
하늘과 땅의 차이라는 말이므로, 매우 차이가 심한 것을 뜻합니다.

천인공노(天人共怒)
하늘과 사람이 함께 분노한다는 말로서, 도저히 용서할 수 없다는 뜻입니다.

천정부지(天井不知)
하늘 높은 줄 모른다는 뜻이므로, 물건 값 등이 자꾸 오르기만 하는 것을 일컫는 말입니다.

천지만엽(天枝萬葉)
한창 무성한 나무 가지와 잎이라는 말이므로, 일의 갈래가 어수선

하게 많은 것을 일컫는 말입니다.

천태만상(千態萬象)
천가지 자태와 만 가지 형상이라는 말이므로, 여러 가지 다른 모양과 형상이 있다는 뜻입니다.

천편일률(千篇一律)
천 편의 시가 모두 하나의 가락이라는 말로서, 여러 가지가 변화 없이 특색없음을 이르는 말입니다.

천하태평(天下泰平)
평화로운 세상, 근심 없는 마음을 뜻하는 말입니다. 일이 급박하게 되었는데도 전혀 그것을 알지 못하는 듯이 태평하게 있는 사람을 뜻하는 말로도 쓰입니다.

철두철미(徹頭徹尾)
처음부터 끝까지 한결같이 철저하다는 뜻입니다.

철천지한(徹天之恨)
하늘에 사무칠 만큼 깊이 맺힌 원한을 일컫는 말입니다.

초록동색(草綠同色)
풀빛과 녹색은 같은 색이라는 말로서, 모양이나 처지가 비슷한 것끼리 서로 한편이 된다는 뜻입니다.

추풍선(秋風扇)

가을 바람에 부채라는 뜻이므로, 제 때가 지나 돌보는 사람이 없고, 쓸데없이 된 것을 일컫는 말입니다.

추풍낙엽(秋風落葉)

가을 바람에 떨어지는 나뭇잎과 같이 한꺼번에 떨어지는 것 처럼 갑자기 세력이 기울어지는 것을 말합니다.

추호(秋毫)

가을철에 가늘어진 짐승의 털이라는 말이므로, 몹시 작거나 적은 것을 뜻합니다.

침소봉대(針小棒大)

바늘같이 작은 것을 몽둥이같이 크게 말한다는 뜻이므로, 조그마한 일을 크게 과장하여 허풍을 떠는 것을 일컫는 말입니다.

타산지석(他山之石)

他(타) 다르다
山(산) 뫼
之(지) 갈
石(석) 돌

이 고사성어는 남의 산(他山)에서 나온 거친 돌이라고 해도 자기의 구슬을 가는 유용한 숫돌로 사용할 수 있다는 뜻에서 비롯된 말입니다.

즉 자기보다 뒤떨어진 사람의 언행이라고 해도 그것을 자기의 몸을 닦고 학문을 가는 거울로 삼을 수 있다는 뜻으로 사용되는 계몽적인 말인 것입니다.

소아(小雅)가 지은 『학의 울음』에 보면 다음과 같은 글이 있습니다.

높은 언덕에서 학이 울거늘,
그 소리는 온 들판에 퍼진다.
물고기가 연못에 잠겨 있다가,
때로는 물가에 나와 놀기도 한다.

저 동산에는 즐겁게도,

심어 둔 박달나무가 있으며,

그 아래엔 개암나무가 있다.

남의 산의 돌도,

가히 내가 숫돌로 삼을 수 있다(타산지석 가이공옥 他山之石 可以

攻玉).

『시경(詩經)』에 나오는 소아의 이 시에서 타산지석이라는 말이

유래되기 시작했다고 합니다.

태산북두(泰山北斗)

泰(태) 크다, 큰
山(산) 뫼
北(북) 북녘
斗(두) 말

이 말은 특히 어떤 사람을 우러러 칭송할 때 사용하는 말인데, 그 가운데서도 학문을 닦은 사람들 중에서 권위자를 일컬을 때 사람들이 자주 사용하는 말입니다.

즉 태산과 북두처럼 많은 사람들이 우러러 본다는 뜻을 가지고 있는 말입니다.

당나라의 8대 문장가 가운데서도 특히 뛰어났던 한유는 학문이 뛰어 났을 뿐만 아니라 정치와 사상에 있어서도 역시 출중한 인물로 칭송을 받았습니다.

그러한 한유에 대한 당서(唐書)인 『한유전(韓愈傳)』에 보면 그에 대한 찬사가 있습니다. 그가 육경(六經)의 문장가로서 여러 학자들의 스승이 되었다는 것입니다.

또한 그가 노장(老莊)과 불교를 배척하고 유교를 드높이 날린 인물이라 하여 다음과 같은 찬사로 극구칭송하고 있습니다.

"한유가 죽은 다음에도 그의 학문은 더욱 크게 행해져서 학자들은 그를 일컬어 태산과 북두처럼 우러러 보았다."

태산(泰山)은 중국의 유명한 오악(五岳) 가운데 하나로서 산동성(山東省)에 있는 큰 산이었는데, 사람들은 모두 태산을 명산이라고 하며 칭송해 마지않았습니다.

또한 북두(北斗)는 말할 것도 없이 별들 가운데 가장 으뜸으로 치는 북극성을 뜻합니다. 즉 산의 으뜸인 태산과 별의 으뜸인 북극성을 합친 것이 태산북두인 것입니다.

그처럼 모든 사람들이 우러러 칭송하는 경우를 뜻할 때 태산북두라고 비유하게 되었습니다.

파죽지세(破竹之勢)

破(파) 깨뜨릴
竹(죽) 대
之(지) 갈
勢(세) 기세

이것은 매우 막강한 세력으로 상대를 향해 거침없이 돌격해 들어가는 기세를 두고 하는 말인데, 그것에 얽힌 다음과 같은 고사가 있습니다.

위·촉·오 삼국시대는 촉이 위에 멸망되고 위는 사마씨가 왕조를 차지하여 진나라가 되었습니다. 그리하여 천하는 진나라와 오나라만이 남았습니다.

진(晉)나라의 정남대장군(征南大將軍)으로 있던 양고(羊枯)는 양자강 상류에서 물길을 따라 오나라를 공격해 내려갈 계획을 세웠습니다. 그리하여 군대가 타고 갈 배를 준비시키는 한편 무제(武帝)에게 남정할 것을 여러 차례나 상소했습니다.

하지만 흉노족의 침입을 염두에 둔 조정의 대신들이 모두 반대하여 뜻을 이루지 못했습니다. 그러던 중 양고는 함령(咸寧) 4년

두예(杜預)를 후임자로 추천하고서 죽고 말았습니다.

후임자가 된 두예는 양고와 뜻을 같이 하는 인물이었습니다. 따라서 두예는 즉시 양자강 북쪽 기슭의 요지를 지키고 있는 오나라의 명장 장정(張政)을 공략하여 완전히 대파시키고 말았습니다.

그렇게 해서 일단 진격의 교두보를 마련한 두예는 이듬 해 본격적인 남정을 두 번이나 조정에 건의했습니다. 지금 공격하면 쉽게 성공할 것이거니와, 그렇지 않으면 오나라의 군대가 도읍으로 옮겨 수비할 것이기 때문에 어렵게 된다는 내용의 건의였습니다.

그렇게 되자 이번에는 조정에서도 반대하는 대신들의 뜻을 물리치고 남정을 허락해 주었습니다.

이윽고 11월이 되어 진나라의 대군이 남정을 개시했습니다. 일곱 방면으로 나누어 출정한 결과 이듬 해 2월이 되자 형주(荊州)를 쳐서 완전히 점령하게 된 전과를 올리게 되었습니다.

오(吳)의 수도는 건업(建業:지금의 남경)이었는데 두예가 이끄는 군대가 무시무시한 기세로 남하하여 건업 가까이까지 다가왔습니다.

두예는 거기서 부하장수들을 한 장소에 모아놓고 건업공략의 책략을 의논했습니다. 그때 호분이 다음과 같이 말했습니다.

"오(吳)는 큰 적이므로 완전히 귀순시키려면 조금 더 힘을 써야만 합니다. 게다가 지금은 봄이라서 물이 많은 계절이니 오랫동안 머무는 것은 불리합니다. 그보다는 겨울까지 기다리는 것이 마땅하지 않겠소이까?"

그러자 두예는 "아군의 사기가 크게 올라가 있는 지금 파죽지세

(破竹之勢)로 나아가면 수절(數節)안에 항복하게 될테니 공략할
필요도 없지."라며 일제히 병사들을 진군시켰습니다.

　"절(節)"이란 일년을 24절로 나누어 일절(一節)을 15일로 헤아
리는 방법인데 대나무의 마디(節)라는 의미도 있습니다. 대나무를
자를 때 이절(二節:세마디)만 자르면 그 기세로 나머지는 손쉽게
자를 수 있다는 것입니다.
　그 일화로부터 "기세에 힘입어 이겨나가는 것"을 "파죽지세"라
고 말하게 되었다고 합니다.

평지기파란(平地起波瀾)

平(평) 평평하다
地(지) 땅
起(기) 일어나다
波(파) 물결
瀾(란) 큰물결

이 단어는 마음이 내키는대로 일부러 사건을 일으키거나 다른 사람들에게 사건을 일으키도록 해서 인생의 앞길을 어렵게 만든다는 뜻으로 사용되는 말입니다.

또한 어떤 일을 고의적으로 어렵게 만들거나, 사람들 사이에 쓸데없는 분쟁을 불러일으킬 때에 흔히 사용하기도 합니다.

포락지형(炮烙之刑)

炮(포) 통째로 굽다, 대포
烙(락) 지진다
之(지) 갈
刑(형) 형벌

하왕조의 마지막 폭군 걸왕을 주벌(誅伐)한 탕왕이 건국한 은왕조는 644년만에 포악한 주왕에 이르러 멸망했습니다.

주왕도 걸왕처럼 지용(智勇)을 겸비한 인물이었는데, 그에게서 이성을 뺏고 주색에 빠지게 한 것은 그의 총비 달기였습니다.

달기는 유소씨(有蘇氏)의 딸로서 주왕이 유소씨의 나라를 정벌하고 얻어들인 미인이었는데 대단한 독부였습니다. 그래서 걸왕의 총비 말희에 이어 중국 역사상 두 번째로 악명 높은 여자로 평가됩니다.

주왕은 걸왕의 황음무도한 전철을 그대로 밟았고, 달기는 말희의 본새를 그대로 땄는데 어쩌면 조금 더 잔인무도했는지 모릅니다.

주왕은 달기의 끝없는 욕망을 채워주기 위해 가렴주구(苛斂誅求)를 일삼았습니다. 그리고 달기의 말은 곧 주왕의 정령(政令)이기도 해서 은나라의 정치는 그저 달기를 즐겁게 하는 도구에 불과했습니다.

달기는 술로 못을 만들고 고기로 숲을 이룬다는 『주지육림(酒池肉林)』을 만들었습니다.

그리고 몸도 마음도 다 녹는다는 『북리(北里)의 춤』, 『미미(靡靡)의 음악』 같은 것을 악사에게 명하여 작곡하게 하고 4개월 동안 밤낮 없이 음주가무로 지새워서 이걸 "장야(長夜)"의 음(飮)이라고 부르기도 했습니다.

그러나 이런 짓도 시시해지자 마침내 저 끔찍한 "포락지형(炮烙之刑)"을 제정했습니다. "포락의 형"이란 문자 그대로 불에 달구어 지진다는 극형입니다.

먼저 구리 기둥을 세워 그 기둥에 기름을 발라 불로 달군 다음, 주왕의 음락을 간한 충신들을 잡아다가 그 구리 기둥을 건너가게 했습니다.

기둥이 뜨겁고 미끄러워 떨어지게 마련인데, 그 기둥 밑에는 숯불이 산더미로 활활 타고 있어서 떨어진 사람은 시커멓게 불타다가 재가 되는 것이었습니다. 주왕과 달기는 그 광경을 바라보고 크게 웃으며 즐겼다고 합니다.

원래 주왕 밑에서 구후(九侯) 악후(鄂侯) 서백(西伯:뒤에 周文王) 등이 삼공(三公)으로서 그를 섬기고 있었습니다. 어떤 일로 서백은 투옥 되었는데, 그때 서백의 신하들이 주왕에게 미녀와 많은 보석과 좋은 말을 푸짐하게 헌상하였으므로 참형 직전에 겨우 석방되었습니다.

서백은 자유의 몸이 되자 낙서(洛西) 땅을 주왕에게 바치고 제발「포락의 형」만은 폐지하라고 간원(懇願)했습니다. 주왕은 낙서 땅이 탐이 나서 비로소 이 참혹한 형벌을 폐지 했지만 포락지형은 극형을 통속적으로 이르는 말로 남았습니다.

풍림화산(風林火山)

風(풍) 바람
林(림) 수풀
火(화) 불
山(산) 뫼

이 말은 손자의 〈군쟁(軍爭)〉에서 유래 되었습니다.

때문에 군대는 속임수로 이루어지고,
이익에 의해 움직이며,
나뉨과 합침으로 움직이게 된다.
때문에 불의의 공격을 가할 때는 바람(風)과 같이 빨리 하고,
서서히 행동할 때에는 숲(林)과 같이 조용히 하며,
적군을 공격할 때는 타오르는 불길(火)처럼 맹렬히 해야 하고.
움직이지 않을 때에는 산(山)처럼 무겁게 있으며,
적군의 눈을 속이고자 하면 그늘처럼 은밀하게 행동해야 하고,
일단 행동을 개시하게 되면 청천벽력과도 같이 적군의 방위벽을
혼란 시켜야 된다.

즉 이 글의 글자들을 따서 생겨난 고사성어가 바로 풍림화산으

로 군사를 상황에 따라 적절히 운영하여야 승리한다는 의미입
니다.

풍마우(風馬牛)

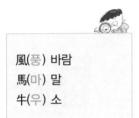

風(풍) 바람
馬(마) 말
牛(우) 소

멀리 떨어져 있기 때문에 말이나 소가 암내를 풍겨도 수놈에게
미치지 못한다는 뜻으로 서로 멀리 떨어져 있거나 서로 전혀 관계
가 없음을 비유하는 말입니다.

제나라의 환공이 부인 채희(蔡姬)와 더불어 동산의 연못에서 뱃
놀이를 하고 있을 때의 일이었습니다. 채희가 장난으로 배를 흔들
기 시작했습니다. 이에 겁을 먹은 환공이 계속 그러지 말라고 했
으나 채희는 듣지 않았습니다.

멀리 남쪽의 회수 유역에 있는 채나라의 공주인 채희였습니다.
때문에 그녀는 배에 대해 익숙했기 때문에 겁을 내지 않았습니다.

그러나 채희의 지나친 장난에 화가 난 환공은 그녀를 자기의 나
라로 돌려 보내고 말았습니다. 그러나 환공이 그것으로 채희와의
인연을 완전히 끊은 것은 아니었지만, 채나라 측에서는 그렇게 생

각했습니다.

재빨리 채희를 다른 남자에게 시집보낸 것입니다.

이에 화가 난 환공은 송나라, 진나라, 위나라, 정나라, 허나라, 조나라 등의 군대로 연합군을 만들어 채나라를 징벌하게 되었으며, 그렇게 되어 채나라는 사라지고 말았습니다.

이때에 환공은 그 여세를 몰아 곧장 초나라를 공격하게 되었는데 이에 놀란 초나라의 성왕(成王)이 제나라에 급히 사신을 보내 다음과 같은 뜻을 전하였습니다.

임금은 북해에 있고 과인은 남해에 있으니, 지금의 상태로는 바람난 소나 말이라고 해도 서로 만날 수가 없게 될것이다(유시풍마우불상급야 唯是風馬牛不相及也).

임금께서 내 땅으로 건너오리라고는 생각도 하지 않았는데 이게 도대체 무슨 이유란 말인가?

결국 초나라 대부 굴완이 평화 교섭을 하여 두 나라 간의 충돌은 일어나지 않았다고 합니다.

필부지용(匹夫之勇)

匹(필) 짝, 둘
夫(부) 지아비
之(지) 갈
勇(용) 용맹

천한 사람이 혈기만 믿고 함부로 날뛰는 행위를 이르는 말입니다. 다음과 같은 고사가 있으니, 이것은 제선왕(齊宣王)과 맹자의 대화내용입니다.

제선왕이 맹자에게 물었습니다.
"이웃 나라와 사귈 수 있는 좋은 방법이 있습니까?"
"방법이 있지요."
"어떤 것입니까?"
"오직 인자(仁者)만이 큰 나라로써 작은 나라를 섬길 수 있습니다. 은나라의 탕왕이 갈나라를 섬기고 주문왕이 곤이를 섬겼습니다. 주태왕이 훈육을 섬기고 월왕 구천이 오나라를 섬겼습니다. 큰 나라가 작은나라를 섬기는 것은 하늘의 도를 즐기는 것이며 작은 나라가 큰 나라를 섬기는 것은 하늘의 도를 두렵게 여기는 것이라고 했습니다.

　하늘의 도를 즐기는 사람은 천하를 편안하게 만들고, 하늘의 도를 두렵게 여기는 사람은 자기의 나라를 보존할 수 있습니다."

　그러자 제선왕은 "과연 선생님의 말씀은 굉장히 크십니다. 그런데 과인에게는 용기를 좋아하는 한 가지의 병이 있습니다."

　이에 맹자는 "부디 왕께서는 작은 용기를 좋아하시지 말기 바랍니다. 칼자루를 어루만지면서 노려보며 '자기가 감히 어찌 나를 당할 수 있겠느냐?'라고 한다면, 그것은 필부의 용기(필부지용 匹夫之勇)에 불과할 것입니다. 그것은 바로 한 사람을 대적하는 셈인만큼, 왕께서는 부디 용기를 크게 갖도록 하십시오."

　이 고사에서 맹자의 이야기 가운데 필부에 대한 용기가 어떤 것인지 나타나 있습니다. 즉 작은 용기는 천한 필부의 용기에 지나지 않는 것이라고 말하며 맹자는 제선왕에게 그렇게 되지 말도록 간곡히 권했던 것입니다.

하옥(瑕玉)

瑕(하) 옥티, 허물
玉(옥) 옥

이 말의 원래의 뜻은 구슬에 티가 있다는 것인데, 『회남자』의 〈설림훈편(說林訓篇)〉에 실린 다음의 글이 근본이 되어 유래되었습니다.

쥐구멍을 고치려다 마을의 대문이 부서지고,
여드름을 문지르면 뽀루지와 등창이 일어나게 되며
이것은 또한 진주에 흠이 있고 구슬에 티가 있어도,
그냥 놓아 두면 온전할텐데,
이를 제거하려다 이지러지는 것과 같다.

여기서 하옥은 서툰짓을 하여 오히려 악화 시킨다는 뜻을 가집니다.
반면에 같은 설림훈편에 보면 다음과 같은 글도 나와 있습니다.

　표범의 털가죽이 복잡하면 여우의 털가죽의 순수함에 따르지 못한다.

　흰 구슬에 티가 있으면 보배가 될 수 없다.

　이것은 지극히 순수할 수가 없기 때문이다.

　여기서는 아깝게도 작은 흠이 있음을 표현하는 말로 하옥이 사용되고 있습니다.

한우충동(汗牛充棟)

汗(한) 땀
牛(우) 소
充(충) 충분하다, 채우다
棟(동) 마룻대

다른 사람을 함부로 헐뜯고 자신만을 좋다고 하는 무책임한 책이 세상에 많음을 한탄하는 뜻으로 생겨난 고사성어인데 이제는 일반적으로 책이 매우 많음을 이르는 말로 사용되고 있습니다.

유종원(柳宗元)이 지은 〈육문통선생묘표(陸文通先生墓表)〉라는 글의 첫머리를 보면 다음과 같은 글이 나와 있습니다.

죽간(竹簡)을 잡은 채 초조하게 생각하며 써서 읽고 주석을 붙인 자가 백천(百千)이나 되는 학자가 있다. 그들은 성품이 굽거나 뒤틀린 사람이기 때문에 말로 공격하고 서로가 상대의 약점을 들추어내는 자들이다.

그들이 지은 책들을 집에 두면 들보까지 닿고(충동우 充棟宇), 옆으로 옮기기 위해서는 소와 말이 땀을 흘려야 될 정도다(한우마 汗牛馬). 오히려 공자의 뜻에 맞는 책은 드물다.

　이상의 이야기가 나오면서 한우충동이라는 비유어가 생겨나게
된 것입니다.

함흥차사(咸興差使)

咸(함) 다, 모두
興(흥) 흥하다
差(차) 다를
使(사) 부린다

함흥차사라는 말은 심부름을 간 사람에게서 소식이 없거나 또
는 회답이 좀처럼 오지 않음을 비유하는 말입니다.

조선 태조 이성계는 두 차례에 걸친 왕자의 난에 크게 노하여
왕위를 정종에게 물려주고 고향인 함흥으로 가 버렸습니다. 그 뒤
아들인 태종이 아버지의 노여움을 풀고자 함흥으로 여러 번 사신
을 보냈으나 이성계는 그 사신들을 잡아 가두거나 죽여 버렸습니
다. 그래서 사신은 아무도 돌아오지 않았습니다.

여기서 한 번 가면 깜깜 소식이라는 말로 함흥차사라는 말이 유
래된 것입니다.

해로동혈(偕老同穴)

偕(해) 함께
老(로) 늙다
同(동) 한가지
穴(혈) 구멍

　이 고사성어는 살아있을 때는 같이 늙으며, 죽은 뒤에는 같은 무덤에 묻힌다는 뜻을 가진 말인데, 생사를 같이하고자 하는 부부 간의 맹세나 부부의 사이가 매우 좋은 것을 표현할 때 흔히 사용되는 말입니다. 다음과 같은 고사(故事)들에서 그 말이 비롯 되었습니다.

　　죽음과 삶, 만남과 헤어짐을,
　　그대와 함께 언약하였도다.
　　그대의 손을 잡고서 그대와 함께 늙으리라(해로 偕老).

　　살아 있을 때는 그 집이 다르나,
　　죽은 다음에는 한 구덩이에 함께 하리라(동혈 同穴).
　　나를 미덥지 않다고 말한다면,

　밝은 해를 두고 맹세하리라.

　위에 소개한 시문들은 모두 부부가 죽든지 살든지 함께 한다는 맹세를 나타내고 있습니다. 멀리 떠나 있는 남편이 집에 두고 온 아내를 생각하며 죽어서도 함께 하겠다는 맹세를 담은 말인 것입니다.
　그리하여 영원토록 함께 살고자 하는 부부를 비유할 때 해로동혈이라는 말을 사용하게 되었습니다.
　흔히 사용하는 "부부간의 해로"도 여기에서 비롯된 말일 것이라고 생각합니다.

형설지공(螢雪之功)

螢(형) 반딧불
雪(설) 눈
之(지) 갈
功(공) 공

이 말은 정상적인 과정을 밟아서 배움을 닦는 것이 아니고 가난 속에서도 고생하며 스스로 하는 공부를 비유하는 말입니다.

『손씨세록(孫氏世錄)』에 보면 다음과 같은 글이 나와 있습니다.

손강은 집이 가난해서 기름을 살 돈이 없었기 때문에 항상 눈(雪)에 비쳐 책을 읽었습니다.

진나라의 차윤은 자를 무자(武子)라고 했으며 남평(南平) 사람으로서 항상 노력하며 게을리 하지 않았습니다.

또한 널리 보고 많이 통했으나 집이 가난해서 기름을 얻지 못했습니다.

그래서 여름철 달밤에는 얇은 비단주머니에 수십 마리의 반딧불(螢)을 넣고 그것으로 비추어 책을 읽으며 밤을 새우고 낮에까지 계속했습니다.

이 이야기에 나타난 것처럼 혼자서 고학하는 것을 일컬어 형설이라고했습니다. 명대(明代)의 『소화집(笑話集)』의 〈소부(笑府)〉에는 다음과 같은 글이 나와 있습니다.

차윤은 주머니에 반딧불을 넣고는 그것에 비추어 책을 읽었으며, 눈을 쌓아놓고 그 빛으로 비추어 또한 책을 읽었습니다.

어느 날 손강이 찾아갔을 때 차윤은 집에 없었습니다. 그리하여 문지기에게 물었습니다.

"어디에 가셨나?"

"반딧불을 잡으려고 가셨사옵니다."

그 다음이었습니다. 차윤이 답례로 손강을 찾아갔을 때, 손강은 뜻밖에도 넋 잃은 사람처럼 마당 한가운데에 멍하니 서있었습니다.

"왜 책을 안 읽으십니까?"

"하늘을 보니 아무래도 오늘은 눈이 내리지 않을 모양입니다."

눈이 내려야 그 빛으로 책을 읽을 수 있다는 말인 것입니다. 이들 동진(東晉)의 차윤과 손강은 철저하게 고학을 했으며 그 보람으로 관계(官界)에 진출, 후세의 수험생들에게 표본이 된 인물들입니다.

다시 말해서 형설의 공을 쌓아올려 그 대가로 훌륭한 자리에 오른 주인공이며, 그때부터 형설지공이라는 말이 생겨나게 된 것입니다.

혜전탈우(蹊田奪牛)

蹊(혜) 지날
田(전) 밭
奪(탈) 빼앗다
牛(우) 소

남의 소가 내 밭을 짓밟았다고 그 소를 빼앗다는 말로 가벼운 죄에 대한 처벌이 너무 혹독하다는 뜻입니다.

춘추시대 진(陳)나라의 대부 하징서(夏徵舒)가 자기 집에 놀러와 술을 마시고 돌아가는 임금 영공(靈公)을 시해했습니다. 이 소식을 들은 초(楚)나라 장왕(莊王)이 군사를 일으켜 진나라의 수도를 공략하고 하징서를 죽임으로써 세상 사람들의 박수를 받았습니다. 장왕은 내친 김에 진나라를 초나라의 한 고을로 만들어 버렸습니다.

이렇게 장왕이 우쭐해 있을 때 제(齊)나라에 사신으로 가 있던 대부 신숙시가 돌아왔습니다. 그가 장왕에게 업무보고만 하고는 그대로 물러나려고 하자 장왕은 불쾌한 표정으로 불러 세우고는 말했습니다.

"하징서가 무도하게도 그 임금을 시해했기 때문에 과인이 쳐들어가 그를 죽였다. 제후(諸侯)와 현공(縣公)들이 모두 축하해 주는데 그대만 아무 말이 없으니 무슨 까닭인가."

신숙시의 대답은 이랬습니다.

"임금을 시해한 하징서의 죄는 물론 크지요. 그를 처단하신 전하의 의리는 대단합니다. 그러나 어떤 사람의 소가 내 밭을 짓밟았다고 해서 그 소를 빼앗을 수는 없습니다. 남의 소가 무단히 내 밭을 짓밟았다면 잘못된 일이지요. 그렇다고 남의 소를 빼앗는다면 지나친 처벌이 되지 않겠습니까. 제후들이 전하를 칭송하는 것은 죄지은 자를 징벌했기 때문입니다.

그러나 진나라를 이 나라의 한 고을로 만든 것은 남의 부(富)를 탐낸 것이 됩니다. 죄 있는 자를 징벌한다면서 남의 땅까지 탐낸다면 이게 옳은 일이겠습니까."

장왕은 고개를 끄덕이며 말했습니다.

"맞는 말이야. 과인의 생각이 미치지 못했었군. 지금이라도 돌려주면 되지 않겠는가."

그 신하에 그 임금. 장왕은 빼앗은 진나라를 즉각 원상회복시켜 주었습니다.

이것이 "혜전탈우"라는 고사성어가 생기게 된 유래입니다.

호연지기(浩然之氣)

浩(호) 넓을
然(연) 그럴
之(지) 갈
氣(기) 기운

이 말은 어떠한 사물에 대해서도 구애받지 않고 넓으며 풍부한 마음을 뜻하는 말인데, 꺾이지 않고 흔들리지도 않는 도덕적인 용기를 일컬을 때도 사용하는 고사성어입니다.

맹자가 공손추에게 했던 말들 가운데, 공자가 제자인 증자(曾子)에게 한 말을 인용하여 진정한 용기에 대해 문답식으로 한 이야기가 있습니다.

"선생님께서는 어떤 점에서 고자[맹자의 논적(論敵)]에 비해 뛰어나신 겁니까?"

공손추의 질문에 맹자가 대답했다.

"나는 호연지기를 잘 기르고 있다."

"호연지기란 무엇입니까?"

"말로 설명하기는 어렵다. 그 기운은 몹시 크고 굳센 것으로서,

그것을 올바로 길러 해가 되지 않도록 한다면 하늘과 땅 사이에
그것이 가득 차게 된다. 이 기운은 내부에 있는 옳음이 모여서 생
겨나는 것이며, 밖으로부터 옳음이 들어와 취해지는 것은 절대로
아니다. 행동이 마음에 만족스럽지 못한 것이 있다고 한다면, 그
것은 곧 굶주리게 되는 것과 마찬가지다."

홍일점(紅一點)

紅(홍) 붉은
一(일) 하나
點(점) 점

이 말은 원래 많은 푸른 잎들 가운데 붉은 석류꽃 한 송이가 피어 있다는 뜻을 가진 말인데, 흔히 남자들만이 있을 때 유일하게 한 명의 여자가 끼어있는 상태를 말하는 것입니다.

왕안석(王安石)이 지은 『석류시(石榴詩)』에 보면 다음과 같은 대목이 나와 있습니다.

만 가지 푸르름의 떨기 가운데 붉은 석류꽃 한 송이 피었네.
사람을 움직임에.
봄빛이 많은 것을 쓰지 않는다.

이 홍일점은 때로는 여럿 속에서 이채로움을 유일하게 드러 낸다는 뜻으로 사용되기도 합니다.

화룡점정(畫龍點睛)

畫(화) 그림
龍(룡) 용
點(점) 점찍다
睛(정) 눈동자

용 그림을 그린 뒤 눈동자에 점을 찍다. 사물의 가장 요긴한 곳 또는 무슨 일을 함에 가장 중요한 부분을 끝내어 완성시킴을 이르는 말입니다.

남북조시대 양나라의 장승요는 동진의 고개지. 오의 육탐미와 더불어 남북조 3대가의 한사람으로 꼽힐 만큼 유명한 화가였습니다. 장승요는 모든 사물을 살아있는 것처럼 그려냈는데 특히 그의 걸작 중에는 불화가 많았습니다.

어느 날 그는 안락사란 절의 주지로부터 용 그림을 벽화로 그려달라는 부탁을 받았습니다. 처음에는 응하지 않았으나 주지의 끈덕진 간청을 뿌리치지 못하고 장승요는 마침내 절간의 벽에 네 마리의 용을 그렸습니다. 용들은 금방이라도 하늘로 치솟아 오를 듯 생동감이 넘쳐흘러 그림을 보고 감탄하지 않는 사람이 없었습니다. 그러나 한 가지 이상한 점이 있었습니다.

사람들이 용의 눈에 눈동자가 그려져 있지 않은 것을 발견한 것입니다. 그리다가 깜빡했는지, 아니면 무슨 깊은 뜻이라도 있는지 사람들은 궁금하지 않을 수 없었습니다. 장승요는 그 이유를 따지는 물음에 시달리다가 겨우 입을 뗐습니다.

"눈동자는 그려 넣을 수가 없소. 그것을 그려 넣으면 용은 당장 벽을 박차고 하늘로 날아가 버리고 만단 말이오."

이 말을 사람들이 믿을 턱이 있는가. 눈동자를 그려 넣으라는 독촉을 견디다 못한 장승요는 마침내 먹물을 푹 찍은 붓을 두 마리 용의 눈에 갖다 대고 점을 찍었습니다.

이윽고 천둥이 울리고 번개가 번쩍하더니 벽이 무너지고 눈동자를 그려 넣은 두 마리의 용은 구름을 타고 하늘로 치솟아 올라가 버렸습니다. 물론 장승요의 그림 솜씨를 과장한 이야기겠지요. 그와 거의 동시대를 살았던 신라의 솔거가 황룡사 벽에 노송도를 그렸더니 뭇새가 날아와 부딪쳐 떨어졌다는 설화처럼 말입니다.

어쨌든 "화룡점정"이라는 고사성어는 그렇게 생겨났다고 합니다.

환골탈태(換骨奪胎)

換(환) 바뀌다
骨(골) 뼈
奪(탈) 빼앗다, 없어지다
胎(태) 아이배다, 태아, 근원

북송(北宋)을 대표하는 시인들 가운데 호가 산곡도인(山谷道人)인 황정견(黃庭堅)이 있습니다.

박학다식으로 알려진 그는 근거가 있는 고사(故事)라고 해도 그것을 함부로 이용하며 자랑하지 않았습니다.

일단 근거가 되는 고사라고 해도 그것을 자기의 것으로 만든 뒤 그 위에다 자기의 독자적인 세계를 만들어내는 사람이었습니다.

시의 뜻은 궁진함이 없고 사람의 재주에는 한이 있다. 한이 있는 재주를 가지고 궁진함이 없는 뜻을 쫓는다는 것은 설사 도연명이나 두보라고 해도 그 교묘함을 얻어낼 수 없을 것이다. 하지만 그 뜻을 바꾸지 않고 자기 말로 만드는 것을 일컬어 환골법이라고 말하며, 그 뜻으로 형용할 때 그것을 일컬어 탈태법이라고 한다.

　따라서 환골탈태란 옛사람의 시구를 끌어다가 자기의 것으로
새로 만들어 쓰는 방법을 말합니다.

　그러나 요즘에는 용모가 아름답게 변하여 딴 사람처럼 됨을 이
르는 말로 사용됩니다.

효시(嚆矢)

嚆(효) 울릴
矢(시) 화살

이말은 원래 우는 화살이라는 뜻을 가진 단어입니다. 고대의 중
국에서는 전쟁을 시작할 때 그 신호로 우는 화살을 적진에 쏘아보
냈는데, 이때부터 모든 일의 첫 시작이나 처음 일어난 사건 등을
두고 효시라는 말로 비유하게 되었습니다.

후생가외(後生可畏)

後(후) 뒤
生(생) 날
可(가) 옳을
畏(외) 두렵다

이 말은 자기보다 먼저 태어나 지혜와 덕이 자기보다 뛰어난 사람을 선생(先生)이라고 하고, 자기보다 늦게 태어나 후배에 해당되는 사람을 후생(後生)이라고 하는데, "그 후생이 장래에 무한한 가능성을 지녔기 때문에 가히 두렵다."라는 공자의 말에서 비롯된 고사성어입니다.

논어의 자한편(子罕篇)에 보면 다음과 같은 공자의 말이 나와 있습니다.

뒤에 태어난 사람이 매우 두렵다(후생가외 後生可畏). 어찌하여 오는 사람들이 지금과 다르다는 사실을 알 수 있겠는가.

그러나 40이 되고 50이 되어도 명성이 들리지 않는다고 한다면. 이 또한 두려워 할 일이 못될 뿐이다.

공자가 후생가외라고 이야기한 것은 재주와 덕이 크게 뛰어났던 수제자인 안회를 두고 한말인데, "나중에 난 뿔이 더 우뚝하다."라는 말과 비슷한 의미입니다.

행운유수(行雲流水)

가는 구름과 흐르는 물같이 사물을 대하여 자연스럽게 행동한다는 뜻입니다. 또 일정한 모양없이 여러 가지 형태로 변한다는 뜻으로도 쓰입니다.

호가호위(狐假虎威)

여우가 범의 힘을 빌어서 위세를 부린다는 말로서, 남의 권세를 빙자하여 자기가 대단한 양 날뛴다는 뜻입니다.

호구(虎口)

호랑이의 입을 뜻하므로 매우 위험한 일을 일컫는 말입니다.

호구지책(糊口之策)

입에 풀칠을 하기 위한 방책이라는 말이므로, 먹고 살기 위해서 하는 수 없이 하는 일을 뜻합니다.

혹세무민(惑世誣民)

세상 사람들을 혹하게 하여 속인다는 뜻입니다.

혼비백산(魂飛魄散)

혼백이 날아가고 흩어져 버린다는 뜻이므로, 어떤 일에 매우 놀랐음을 나타내는 말입니다.

홍안백발(紅顔白髮)

홍안(紅顔)은 붉은 얼굴, 즉 젊고 아름다운 얼굴을 말하며 백발(白

髮)은 흰머리를 뜻하므로, 나이가 들어 머리는 세었으나 얼굴은 붉고 윤기가 돈다는 말입니다.

화무십일홍(花無十日紅)

열흘 붉은 꽃이 없다는 말이므로, 사람의 권세나 영화는 반드시 오래 가지 못하는 것이라는 뜻입니다.

회귤(懷橘)

동한(東漢)의 육적(陸績)이라는 사람이 어릴 때 원술(袁術)을 찾아 갔는데 귤을 내어 대접하자 집에 계시는 어머니께 드리기 위해 몰래 그 귤 세 개를 품속에 감추었다는 이야기에서 나온 말로, 효성이 지극한 것을 일컫는 말입니다.

회자(膾炙)

고기를 회치고 굽는 것은 누구나 맛있다고 한다는 뜻이므로, 널리 칭찬 받으며 사람의 입에 오르내리는 것을 말합니다.

횡설수설(橫說竪說)

가로 세로로 마구 이야기한다는 말이므로, 생각나는 대로 두서없이 하는 말이라는 뜻입니다.

회자정리(會者定離)

만난 사람은 반드시 헤어지게 되어 있다는 말입니다.

흥진비래(興盡悲來)

즐거운 일이 지나가면 슬픈일이 온다는 말이므로, 좋은 일과 궂은 일이 번갈아 가면서 생기는 것이 세상의 이치라는 뜻입니다.